Was ich jahrzehntelang verschwiegen habe

Erich von Däniken

Was ich jahrzehntelang verschwiegen habe

Spektakuläre Augenzeugenberichte und die Enthüllung von Insider-Informationen

Weltbild

Genehmigte Lizenzausgabe für Weltbild GmbH & Co. KG
Werner-von-Siemens-Str. 1, 86159 Augsburg
Copyright © 2015 bei Kopp Verlag, Bertha-Benz-Str. 10, 72108 Rottenburg
Lektorat: Agentur Pegasus, Zella-Mehlis
Umschlaggestaltung: Büro 18, Friedberg (Bay.)
Umschlagfotos: Gary Waters/Ikon Images/F1online (oben);
Radius Images/Radius/F1online (unten);
Spaces Images/Blend Images RF/F1online (Klappen)

Druck und Bindung: Typos, tiskařské závody, s.r.o., Plzeň
Printed in the EU
978-3-8289-5628-5

2020   2019
Die letzte Jahreszahl gibt die aktuelle Lizenzausgabe an.

Einkaufen im Internet:
www.weltbild.de

Inhaltsverzeichnis

Brief an meine Leser 7

Kapitel 1: Unmögliche Begegnungen 9

Kapitel 2: Märchen für die Christenheit 31

Kapitel 3: Ägyptische Verbindungen 53

Kapitel 4: Belogen – betrogen – missbraucht 79

Kapitel 5: Verborgene Verbindungen 113

Kapitel 6: Was ich noch zu sagen hätte … 127

Literaturverzeichnis 135

Bildquellen 140

Brief an meine Leser

Liebe Leserin, lieber Leser,

was hat mich eigentlich angetrieben, ein umstrittenes Buch wie *Erinnerungen an die Zukunft* zu schreiben? Wer hat mir geholfen? Woher will ich wissen, dass Jesus, der Begründer der Christenreligion, nicht in den Himmel aufgefahren ist? Wer hat mir beigebracht, dass die viel gepriesenen Urtexte überhaupt nicht existieren? Wie kam ich zu Bildern des Jesus-Grabes? Stimmt es, dass der frühere Direktor der ägyptischen Altertumsverwaltung, Prof. Dr. Holeil Ghaly, mich höchstpersönlich in die geheime Kammer des Pharaos Sechemchet, der der dritten Dynastie angehörte, führte? Dass ich schon als 19-Jähriger im Land am Nil etwas Unheimliches erlebte? Dass mir die Geschichte um den Roboter *Upuaut*, der am 22. März 1993 einen Schacht in der Pyramide entdeckte, schon vorher bekannt war? Dass Rudolf Gantenbrink, der den Roboter entwickelte, und ich alte Freunde sind? Hat die hochoffizielle Altertumsverwaltung mitsamt dem DAI – dem Deutschen Archäologischen Institut – rabenschwarz gelogen?

Ist es richtig, dass ich eine Helikopterexpedition am oberen Amazonas durchführen wollte und nach Strich und Faden belogen und hintergangen wurde? Dass in Brasilien mehrere Bekannte von mir ermordet worden sind? Stimmt es, dass ein katholischer Geistlicher Gräber von Außerirdischen gesehen haben will? Wieso kam ausgerechnet ich auf das sogenannte »Lochstreifenband« im Pisco-Tal von Peru? Wie ließ sich ein kolumbianischer Luftwaffengeneral von mir bestechen? Und weshalb vertraute mir der alte Salesianerpater Carlo Crespi in Cuenca, Ecuador?

Habe ich tatsächlich an vielen Hochschulen gesprochen? Wie kam es zur Gründung der *Ancient Astronaut Society*? In Deutschland und in den USA gab es hochgiftige Pamphlete gegen meine Bücher – was ist daraus geworden? Wer waren die Autoren? Was steckte dahinter? War ich 1984 tatsächlich in der geheimen amerikanischen Basis des damals so bezeichneten *Space Command*? Was spielte sich dort ab? Kannte ich die Raketenbauer der NASA wirklich persönlich? Vom »Vater der Weltraumfahrt«, Prof. Dr. Hermann Oberth, bis zu Wernher von Braun? Welche Wissenschaftler, welche Astro- und Kosmonauten unterstützen mich?

Weshalb, um alles in der Welt, brechen ausgerechnet Politiker und Richter schamlos ihre jeweiligen Verfassungen? Leben wir in einem Milieu von gekauften Journalisten? Und was ist mit den ewigen UFO-Geschichten? Sind die nicht längst wissenschaftlich widerlegt worden? Weiß inzwischen nicht jedermann, dass UFO-Gläubige nur Spinner sein können? Damit beginne ich: Die Menschen werden für kreuzdumm verkauft. Auch von der Anti-UFO-Lobby.

Sehr herzlich!

Erich von Däniken

Kapitel 1

Unmögliche Begegnungen

Spuk in 11 000 Metern Höhe – Pseudowissenschaft ohne Ende – Zeitmaschine? – Ein verblüffter Sheriff – Der ewige Fall B. und B. Hill – Besuch von Zeta Reticuli – Ein verzweifelter Nick Pope – Professor mit Zivilcourage: Besuch des »Vaters der Raumfahrt« – Ein Film aus dem Cockpit

7. November 1986: Die Boeing 747, Flug Nummer 1628 der *Japan Airlines,* flog in 11 000 Metern Höhe Richtung Anchorage, Alaska. Lokalzeit 17.06 Uhr. Wie aus dem Nichts flammte in einigen Kilometern Entfernung plötzlich ein grelles Licht auf. Der japanische Kapitän und seine beiden Kopiloten meinten, es müsste wohl irgendetwas Militärisches sein. Dann zeigten sich in der Ferne farbige Lichter, die um das helle Licht kreisten. Auf Anfrage meldete die Bodenkontrolle, sie habe nichts auf dem Radar, die Strecke sei frei. Doch die fremden Lichter wuchsen beängstigend, wurden größer. Der Flugkapitän instruierte den Kontrollturm von Anchorage und bat um Erlaubnis, die Flughöhe ändern zu dürfen. Die Maschine sank um 1000 Meter, die eigenartigen Lichter verschwanden, als ob sie ausgeknipst worden wären. Die Besatzung des Jumbojets atmete auf und wollte wieder auf die ursprüngliche Flughöhe von 11 000 Metern steigen, dann rasten jedoch zwei Lichter direkt auf die Maschine los. Anschließend begann es auf der linken Seite des Jumbojets bräunlich zu wabern, als ob eine schwache Lampe angezündet worden wäre. Im ersten Moment dachte der Kapitän, irgendetwas brenne. Er drückte seine Stirn an das Cockpitfenster und traute seinen Augen nicht mehr: Direkt neben dem Flugzeug, in derselben Höhe und mit derselben Geschwindigkeit, war ein bräunlich-orangefarbenes Objekt zu sehen, das den Jumbojet begleitete. Atemlos schilderte der Pilot, was vor sich ging. Der Tower von Anchorage meldete, er könne ein vergrößertes Radarecho ausmachen. Dann, es war zum Überschnappen, erlosch das braun-orangefarbene Licht so unbegreiflich, wie es aufgetaucht war. Die drei Männer im Cockpit starrten sich an, atmeten befreit durch. Da wiederholte sich die unheimliche Begegnung, diesmal auf der rechten Seite des Flugzeuges. Jetzt hatte auch die Radarkontrolle von Anchorage begriffen, dass sich in 10 000 Metern ein Drama abspielte. Sie instruierte die US-Luftwaffe und befahl dem Kapitän, sofort den Landeanflug auf Anchorage einzuleiten ...

In derselben Zeit von Mitte Oktober bis Mitte Dezember 1986 war ich auf einer Vortragstournee durch verschiedene Hochschulen der USA. Begleitet wurde ich von Geraldine, einer liebenswürdigen jungen Lady, die mir von *Bantam Books,* meinem amerikanischen Verleger, zugeteilt worden war. Professionell räumte sie viele Hindernisse aus meinem Weg. Nach einer TV-Show meinte Geraldine, ein japanischer

Flugkapitän habe den Verlag angerufen und um meinen Rückruf gebeten. Es sei sehr wichtig. Geraldine blickte mich fragend an: »Interessiert?« Ich nickte, denn ich erinnerte mich vage, in einer Zeitung irgendetwas über einen Zwischenfall mit einem japanischen Flugzeug gelesen zu haben. Ich traf den Japaner am 8. Dezember 1986 in einem italienischen Restaurant in Los Angeles.

Ein sympathischer Herr mittlerer Größe, eindeutig Japaner, mit rabenschwarzen Haaren und kleinen Fältchen im Gesicht, begrüßte mich. Er bat Geraldine, uns alleine zu lassen. »Kenju Terauchi«, stellte er sich vor und legte unaufgefordert seinen Reisepass und ein Plastikkärtchen der *Japan Airlines* vor, das ihn als Pilot auswies. Er wirkte nervös, blickte sich immer wieder um, als ob ihn jemand verfolge. Als Nächstes erfuhr ich, dass er eigentlich mit niemandem über den Vorfall sprechen dürfe. Er und seine beiden Kopiloten hätten bei den amerikanischen Behörden Formulare, die sie zum Stillschweigen verpflichteten, unterschreiben müssen. Dies unter Androhung einer Gefängnisstrafe von bis zu zehn Jahren und eines lebenslangen Berufsverbots im Falle der Zuwiderhandlung. Er habe mich im Fernsehen gesehen, meinte er anerkennend, und gleich darauf alle meine Bücher gekauft, die auf dem japanischen Markt erhältlich seien. Außer seiner Familie und einigen nahen Freunden sei ich der einzige Mensch, mit dem er über den Vorfall reden möchte. Ich versprach ihm meine absolute Diskretion bis zu seinem Tode (Kenju Terauchi ist inzwischen verstorben). Dann erfuhr ich die Einzelheiten eines erschreckenden Erlebnisses, das wissenschaftlich gedrillte Menschen als absoluten Quatsch einstufen würden.

Zuerst stellte der Flugkapitän fest, er habe nie etwas von UFOs gehalten. Für derartige Dummheiten habe er keine Zeit gehabt. Dies änderte sich radikal nach seiner unmöglichen Begegnung vom 7. November 1986. Das Licht vor ihnen sei völlig überraschend aufgetaucht und habe die Crew regelrecht geblendet, je größer es wurde. Er selbst habe links im Cockpit gesessen, sein Kopilot Takanori Tamefuji rechts und hinter ihnen der Flugtechniker Yoshio Tsukuda. Sie alle hätten nicht verstehen können, wieso die Radarkontrolle von Anchorage nichts auf ihren Bildschirmen erkannte. Plötzlich ein bräunlich-orangefarbenes Leuchten auf der linken Seite. Vom Cockpitfenster aus sei die Sicht nach hinten sehr beschränkt, man sehe nicht mal die beiden Triebwerke. Ich wollte wissen, was mit

den Passagieren gewesen sei, die seien doch alle auch Augenzeugen gewesen. »Es gab keine Passagiere«, erwiderte der Pilot. »JAL-Flug Nummer 1628 war ein Frachtflug von Paris nach Tokio. Wir hatten französische Weine und einige Container mit Textilien geladen.« »Sie beobachteten also die Außenhülle dieses fremden Objekts? Wie sah sie aus? Metallisch? Waren da Lichter oder Fenster?«, bohrte ich nach.
»Nichts von alledem«, klärte mich Kenju Terauchi auf. »Von außen erinnerte mich das Ding frappant an eine gigantische Walnuss. Braun und mit vielen Furchen durchzogen. Nichts, aber auch gar nichts ließ auf die Technologie schließen.«
Ich erfuhr, das unheimliche UFO sei minutenlang auf seiner Cockpitseite geflogen. Mit derselben Geschwindigkeit von rund 900 Kilometern pro Stunde. Terauchi und seine Begleiter hätten es in aller Ruhe beobachten können. Einer der Piloten habe sogar Fotos geschossen. Die ganze Größe des Objektes hätten sie nie einschätzen können, weil sich die Außenhaut des UFOs hinter den Flügelspitzen verlor. »Aber das Ding muss riesig gewesen sein, etwa so groß wie ein Flugzeugträger.« Dann sei der Spuk verschwunden und kurz darauf auf der rechten Seite aufgetaucht. Gerade so, als wünschte die fremde Macht, dass die Piloten das gespenstische Objekt genüsslich betrachten und auch fotografieren sollten. Insgesamt habe die schreckliche Begegnung rund 30 Minuten gedauert. Eine endlos scheinende Zeit. Schließlich habe Terauchi eine lang gezogene Kurve eingeleitet, um den Leitstrahl von Anchorage anzupeilen. Auf 7000 Metern Höhe habe die Besatzung die fernen Lichter der Stadt erkannt, und urplötzlich, als ob jemand einen Vorhang gezogen habe, seien die Lichter verschwunden. Das riesige UFO habe sich direkt vor ihnen in die Flugbahn eingeklinkt, sei acht schrecklich lange Sekunden vor ihnen geflogen und dann nach rechts oben abgekippt. »Das Ding spielte regelrecht Katz und Maus mit uns. Wohin es schließlich entschwand, konnten wir nicht mehr beobachten.«
Nach der Landung seien sie in ein spezielles Gebäude außerhalb des Flughafens gebracht worden. Man habe sie freundlich betreut und Tee, Whisky und Sandwiches angeboten. Kenju Terauchi wollte unbedingt seine Vorgesetzten in Tokio anrufen, doch man beruhigte ihn, das sei bereits geschehen. Immer wieder seien andere Herren aufgetaucht, einige von der FAA (*Federal Aviation Administration*, US-

Bundesluftfahrtbehörde), andere vermutlich von der CIA. Der Kopilot, der das UFO fotografiert hatte, habe seinen Fotoapparat ohne den Film darin zurückerhalten. Zwei Tage, nachdem sie mehrere Papiere unterschrieben und Stillschweigen versprochen hätten, habe ihnen ein sehr ernst wirkender, älterer Herr mit hellwachen Augen eingehämmert:»Das Ereignis hat nie stattgefunden. Denken Sie Ihr Leben lang daran. Sie waren Opfer einer Lichterspiegelung, die vom Planeten Mars ausging.« Der spätere Untersuchungsbericht der FAA hielt fest, das Ganze sei auf eine Fehlfunktion des Radars zurückzuführen. Die Anlage habe eine »geteilte Bildmarke« produziert.

Vor rund 50 Jahren erklärte der amerikanische Biologe Dr. Strauss von der *Johns Hopkins University*, der Schneemensch, Yeti genannt, sei nichts anderes als ein Kragenbär.»Da unsere Hypothese die einzig nicht-fantastische Annahme ist, muss sie zutreffen.« [1] Nach dieser Logik muss man jetzt nur noch den Yeti davon unterrichten, dass er ein Kragenbär ist.

Persönlich hatte ich noch nie Gelegenheit, eine eindeutige UFO-Sichtung zu erleben, aber ich durfte mit sehr ernsthaften, oft schockierten Menschen über ihren jeweiligen UFO-Fall sprechen. Die meisten Betroffenen leiden still in sich hinein, denn wer hienieden versucht, die UFO-Problematik zu verteidigen, ist ganz einfach »bescheuert«. [2] Ernsthafte Menschen befassen sich nicht damit. Basta! Und die wenigen, die es trotzdem versuchen, landen gleich auf dem Müllhaufen der Lächerlichkeit. Sie werden – rumsdibums – aus der *Gesellschaft der Ernsthaften* hinausgeschmissen. In TV-Sendungen wie der mit dem Titel *Die Wahrheit über UFOs* [3] werden angeblich spektakuläre UFO-Sichtungen gezeigt, um anschließend von pseudo-seriösen Schlaumeiern gleich eindeutig widerlegt zu werden. Die Botschaft ist stets klar: UFO-Zeugen sind durch die Bank Trottel. In welcher Fakultät muss man eigentlich studieren, um so etwas wie UFO-Forscher zu werden? In derselben, in der sich Kaninchenzüchter, Eierverkäufer und Rasierpinselhersteller einschreiben – in keiner. In welcher Fakultät muss man sich einschreiben, um eine Studiengruppe gegen UFO-Forscher zu betreiben? In derselben!
So stehen sich allemal Gleichberechtigte gegenüber mit dem herzlichen Unterschied, dass die Anti-UFO-Lobby immer gewinnt. Wer

UFOs sah, wer gar das Pech hatte, eine »Begegnung der dritten Art« zu erleiden, steht ohne objektive Beweise im Regen. Und selbst wenn gute Fotos oder gar ein Handyfilm zur Untermauerung eines Erlebnisses beigesteuert werden, gelten derartige Beweise nicht. Alles auf dem Computer hergestellt, heißt es mit erhobenem Zeigefinger. Sollten gar 50, 100 oder 1000 Personen dasselbe UFO-Ereignis beschreiben – dann waren sie Opfer einer »Massensuggestion«. Sie beobachteten eine »Fata Morgana« oder die während 365 Tagen im Jahr überall auf die Erde ununterbrochen »abstürzenden Teile von Raketen oder Raumstationen«. Ein nicht enden wollendes Bombardement von irdischem Müll aus dem All. Und ist mit allen Tricks kein Weltraummüll herzuzaubern, so entpuppen sich die vermeintlichen UFOs als »Leichtflugzeuge«, »Kinderdrachen«, »Heißluftballone«, »Spiegelungen«, »Halluzinationen«, »Erfindungen« und »Fantastereien«, »Mückenschwärme«, »hoch fliegende Wetterballone«, »Scheinwerferreflexionen« oder meinetwegen als »hell leuchtende Planeten«, die in der Sichtungsnacht gerade mit irrwitzigen Geschwindigkeiten um die Erde kurvten. Die Anti-UFO-Lobby, durch und durch pseudowissenschaftlich, hängt sich stets das Mäntelchen der Wissenschaftlichkeit um, bedient sich der Methoden der Verunglimpfung und Ausgrenzung und beteuert bei jeder unpassenden Gelegenheit ihre »Seriosität«. Eine Gesellschaft zum Davonlaufen!

Wie aber verhält sich diese nichts wissende und nichts-wissen-wollende Gesellschaft in Bezug auf belegbare Fälle, in denen es nicht um irgendwelche Lichterspielereien, sondern um Menschen geht, die in fremde Objekte gebracht wurden? Mir sind mehrere derartige »Begegnungen der vierten Art« bekannt, und ich gehe nur deshalb darauf ein, weil ich die Beteiligten persönlich kennenlernte.

Am frühen Abend des 11. Oktober 1973 wurden zwei Fabrikarbeiter in Pascagoula (USA) in eine große, farbige Kugel verschleppt und dort von fremden Wesen untersucht. Pascagoula ist ein kleines Städtchen im Süden des Bundesstaates Mississippi und gehört zum Verwaltungsbezirk Jackson County. Der Ort ist bekannt durch Schiffswerften der *Northrop Grumman Ship Systems*. Bis 2006 unterhielt auch die US-Marine eine Werft in Pascagoula.

Was war geschehen? Charles Hickson und Calvin Parker arbeiteten außerhalb der Fabrikhallen auf einem Platz, auf dem Metallstücke aller Größen und Legierungen gelagert wurden. Dies direkt am Pascagoula-River. Aus dem Nichts entstand eine Kugel über der Anlage. Den beiden Arbeitern wurde schwindlig, ihre Knie sackten ein. Zwei Wesen in grell wirkenden Anzügen schoben die beiden in die Kugel. Dort wurden sie an eine Wand gedrückt, und fremde Geräte bewegten sich langsam über ihre Körper. Nach der eigenartigen Untersuchung wurden beide behutsam hinausgetragen und auf einer großen Metallplatte abgelegt. Der Fall ist von allen nur denkbaren Instanzen untersucht worden. [4] Ich traf die beiden Opfer am 27. November 1973 in einem Hotel in Pascagoula.

Melvin war gerade 24 Jährchen alt. Er wirkte zurückhaltend, überließ das Sprechen seinem älteren Kollegen Charly.

Charles Hickson

»Woher kam die Kugel?«, wollte ich wissen. »Habt ihr sie heranfliegen sehen?«

Charles Hickson: »Wir waren dabei, mit einem Hubstapler kleinere Stahlträger aufeinanderzuschichten. Es war 16.30 Uhr, und wir redeten gerade über ein neues Auto, das Melvin gekauft hatte. Auf einmal schien mir, als ob jemand mit beiden Händen gleichzeitig auf meine Ohren schlage. Meinem Kollegen ging es genauso. Verdattert drehten wir uns um und erblickten über dem Wasser des Pascagoula-Rivers etwas Schimmerndes, das seine Farben von grellem Weiß ins Blaue, Violette, Gelbe und dann Rötliche verwandelte. Daraus entstand eine Kugel, ich schätzte ihre Höhe auf acht Meter. Ich wollte schreien und wegrennen, doch es geschah wie im Traum. Wir beide waren irgendwie gelähmt. Verwundert bemerkten wir, wie an der Kugel ein Riss entstand, aus dem grelles Licht strahlte. Dann schwebten zwei kleinere Wesen in so etwas wie weißen Overalls auf uns zu. Sie hatten große Augen, weder Haare noch Helme, aber dort, wo die Nasenlöcher sein sollten, klebte etwas Undefinierbares. Die beiden griffen unter unsere Achseln, berührten uns leicht, und wir schwebten mit ihnen über die Metallstücke am Boden. Mich ergriff Panik, ich wollte wegrennen, doch kein Muskel bewegte sich. Ich war paralysiert wie in einer Narkose. Ich blickte zu Melvin hinüber. Er war kreideweiß, seine Haut sah wachsig aus, und er hatte die Augen zugekniffen. Als wir durch den Spalt ins Innere der Kugel schwebten, musste auch ich die Augen zudrücken, denn das Licht blendete wie ein Stadionscheinwerfer. Ich spürte, wie man mich sachte an eine Wand drückte, und hatte grauenhafte Angst. Jeden Moment, so dachte ich, würden sie mich töten. Doch die Wand kippte langsam in eine Schräglage. Ich roch etwas, das ich nicht beschreiben kann, weil es keinen Vergleichsgeruch gibt. Dann merke ich, dass ich die Arme bewegen konnte, und drückte meine Handrücken auf beide Augen. Irgendetwas fuhr über mein Gesicht, ich registrierte es nur am Schatten, der über die zugedrückten Augen fuhr. Jetzt kippte die Wand wieder in die Senkrechte, und ganz schwach fühlte ich den Körperdruck auf meinen Füßen. Wegen des grellen Lichts traute ich mich nicht, die Augen aufzumachen. Erneut merkte ich, dass ich schwebte, und gleichzeitig hörte ich den Verkehr von der Autobahnbrücke. Wir waren wieder draußen. Jetzt öffnete ich die Augen, sah, wie die beiden Fremden mit den großen Augen uns auf einer Metallplatte ablegten und wieder auf ihre Kugel zuschwebten. Die veränderte erneut die Farben wie zu Beginn des Spektakels, dann wurde sie grell weiß – und der Spuk verschwand. Ich richtete mich auf, hockte, die Beine baumeln lassend, auf der Stahlplatte und suchte am Horizont nach der Kugel. Doch da war nichts. Ich sagte zu Melvin, der neben mir lag, er müsse keine Angst mehr haben und solle die Augen öffnen. Gleichzeitig hörten wir die Sirenen eines Polizeiautos. Dann stürmten zwei Sheriffs auf uns zu.«

Links die Brücke über den Pascagoula-River, über die der Sheriff kam.

»Woher kam das Polizeiauto?«, wollte ich wissen. Charly erklärte, links von ihrem Arbeitsplatz mit den Metallteilen am Boden verlaufe eine breite Brücke über den Pascagoula-River. Der Sheriff sei mit seinem Begleiter über die Brücke gefahren und habe irritiert auf das Lichterspiel gegafft, das die Kugel *unter* ihnen veranstaltete. Der Sheriff habe gewendet, um den Vorplatz vor den Werfthallen zu erreichen. Doch dies sei erst über die Gegenrichtung und die nächste Abfahrt möglich gewesen. Insgesamt habe der Sheriff sechs Minuten gebraucht, um den Platz zu erreichen. Das sei der Moment gewesen, wo die Fremden ihre beiden Opfer auf der Metallplanke niederlegten. Auch der Sheriff und sein Begleiter seien Zeugen des Farbenspuks geworden und konnten beobachten, wie sich die Kugel in nichts auflöste. Später meldeten sich 18 weitere Augenzeugen, die das Schauspiel mitsamt der Kugel vom anderen Flussufer aus mitbekommen hatten.

Was geschieht hier eigentlich? Keine Macht der Erde beherrscht derartige Technologien. Geht es vielleicht gar um Zeitreisende? Eine Kugel, die die Farben verändert und sich auflöst?

Wer denken kann, ist auch verantwortlich. Ärzte versuchten, den Fall von Pascagoula irgendwie psychologisch einzureihen. Doch die

»psychologische Variante« ist nur eine weitere Ausrede, um uns etwas vorzumachen und uns einzulullen. Die Eiferer, die alles, was mit Außerirdischen und anderen unerklärlichen Phänomenen zu tun hat, der Lächerlichkeit aussetzen, haben schon zu viel Unheil angerichtet. Die Behauptungen, sie würden nur dem gesunden Menschenverstand gerecht, sind nichts anderes als eine Anmaßung. Es sind ausgerechnet Wissenschaftler, die sich pseudowissenschaftlich verhalten und den Erkenntnisgewinn blockieren. Traurige Gesellschaft.

In diesem Kapitel sollen einige Hintergründe ausgeleuchtet werden, die niemand kennt. Es geht um die Aussagen von Betroffenen, die sich mir anvertrauten. Dazu gehört auch der Fall von Barney und Betty Hill. Für die Kenner der Literatur eine altbekannte Geschichte über den Einfluss einer unbekannten Macht. Mehrere Bücher wurden darüber geschrieben [5, 6, 7, 8], auch ich behandelte den Fall ausführlich [9]. Verschwiegen hatte ich bei meiner früheren Schilderung allerdings mein langes Gespräch mit Betty Hill. Zum Verständnis zuerst eine Kurzfassung des bestens dokumentierten Falles:

Betty und Barney Hill waren ein gemischtfarbiges Ehepaar (Betty: 29. Juni 1919 bis 17. Oktober 2004. Barney: 20. Juli 1922 bis 25. Februar 1969). Sie, damals 42-jährig und von weißer Hautfarbe, er, damals 39-jährig, Postbeamter und von dunklem Teint. In der Nacht vom 19. auf den 20. September 1961 fuhren sie von einem Urlaub aus Kanada in ihr Heimatstädtchen Portsmouth, New Hampshire, zurück. Kurz vor Mitternacht, als sie auf der US-Bundesstraße Nummer 4 (dem sogenannten Daniel-Webster-Highway) unterwegs waren, bemerkten sie über dem südwestlichen Himmel ein helles Objekt, das sich rasch bewegte. Barney stoppte mehrmals, damit sie das »verrückte Licht« näher betrachten konnten. Südlich von Indian Head in den White Mountains, 2,3 Meilen nördlich von Woodstock, raste das fremde Objekt völlig geräuschlos auf das Auto von Barney und Betty Hill zu und blockierte die Weiterfahrt. Barney stoppte und stieg aus, immer noch der felsenfesten Überzeugung, die US-Luftwaffe probiere irgendetwas Neues aus und sie seien zufällig Zeugen davon. Dann veränderte das UFO die Position und glitt langsam auf das stehende Auto zu.

Etwas später. Es war still im Wagen. Barney und Betty fragten sich: Wo sind wir eigentlich? Irgendwo in den grauen Zellen schien ihnen, sie hätten geschlafen oder seien abwesend gewesen. Beide sprachen wenig, jeder hing seinen Gedanken nach. Sie fuhren an der Stadt Concorde vorbei und nahmen die Abzweigung Nummer 4 in Richtung Ozean und Portsmouth. Als sie durch das Städtchen fuhren, zwitscherten bereits die Vögel, die Häuser leuchteten im Morgengrauen. Das konnte nicht sein, nach ihrer Planung hätten sie bereits gegen 4.00 Uhr daheim sein sollen. Komischerweise waren ihre beiden Armbanduhren stehen geblieben. Dann hockten sie am Küchentisch und begriffen, dass ihnen über zwei Stunden Erinnerung und 35 Meilen Fahrstrecke fehlten ...

16 Jahre später, am 23. Februar 1977, traf ich Betty Hill. Ich fand eine 57-jährige Dame, sehr bescheiden, liebenswürdig und korrekt. Mit tiefer, innerer Überzeugung schilderte sie mir ihr Erlebnis vom 19. Dezember 1961. Verkraftet hatte sie es auch bei unserem Gespräch noch nicht.

Betty meinte, sie sei es müde, immer und immer wieder dieselbe Geschichte erzählen zu müssen. Insbesondere, da sie unzählige Male erleben musste, wie heuchlerisch und besserwisserisch sie von den Kritikern behandelt wurde.

»Betty«, antwortete ich, »mir geht es nicht darum, Sie irgendwie ›in die Pfanne hauen‹ zu wollen. Ich weiß definitiv, dass Außerirdische existieren. Aber ich wäre dankbar, das Erlebnis aus Ihrem eigenen Mund erfahren zu dürfen.«

Betty Hill begann zu erzählen, wie sie sich dem bekannten Bostoner Psychiater Dr. Benjamin Simon anvertraut hatten und ihm auch gestatteten, sie zu hypnotisieren. Der Arzt hatte das Ehepaar getrennt behandelt und ließ während der Sitzungen Tonbänder mitlaufen, die er anschließend beiden gemeinsam vorspielte. Stück für Stück, wie bei einem Puzzle, kehrten die Erinnerungen über die fehlenden zwei Stunden zurück.

»War das unbekannte Objekt kugelförmig?«, wollte ich wissen.

»Nicht ganz«, antwortete Betty. »Mein Mann schätzte das Ding auf acht bis neun Meter Höhe, an beiden Enden leicht eingedrückt wie eine Art von Pfannkuchen. Es gab so etwas wie durchsichtige Luken darin, aus denen Licht schimmerte.«

Ich erfuhr, zwei Gruppen von kleinen Wesen mit übergroßen Augen, kleinen Nasenlöchern und einem kleinen Mund seien auf ihren

Wagen zugeschritten und hätten sie und ihren Mann in das fremde Objekt geführt. Die Fremden hätten dunkle, lederartige, aber eng anliegende Kleidung getragen. Einer davon habe in stark akzentuiertem Englisch – es klang so, wie Inder englisch sprechen – gesagt, sie müssten keine Angst haben, es geschehe ihnen nichts.

»Habt ihr euch nicht gewehrt?«, hakte ich nach.

»Wir waren schockiert, bewegten uns folgsam wie ferngesteuerte Puppen.«

Innerhalb des Objekts, so schilderte Betty Hill, habe man sie zuerst auf einen weißen Stuhl gesetzt, dann aber gebeten, sie möge es sich auf einer Liege bequem machen. Dort habe man ihre Kopfhaare durchwühlt, ihre Augen, Ohren und Fingerspitzen abgetastet. Mehrere der Fremden, die sich in einer Art von Singsang in höheren Lauten unterhielten, seien im Raum gewesen.

»Konnten Sie etwas von der Innenarchitektur erkennen?«

Betty: »Der Raum war rund und erinnerte mich an eine Hochzeitstorte mit einem wuchtigen Pfeiler in der Mitte. Das Englisch sprechende Wesen hielt etwas wie einen Fotoapparat mit einer übergroßen Linse in den Händen. Dann nahm derjenige, den ich jetzt als ›Arzt‹ bezeichne, eine Art von Lineal und kratzte damit an meinem Arm. Später drückte er etwas leicht Klebriges, wie Zellophan, auf meine Brust und zog es wieder ab. Schließlich nahm der ›Arzt‹ eine dünne Nadel und schob sie in meinen Bauchnabel. Das tat weh. Der Fremde merkte dies und legte kurz seine Hand an meine linke Schläfe. Augenblicklich war der Schmerz weg.«

»Endlich«, so berichtete Betty ohne Emotionen, »haben die Wesen den Raum verlassen. Nur derjenige, der Englisch sprach, blieb. Ich fühlte mich sehr erleichtert, denn die Untersuchung schien vorbei zu sein. Ich erkundigte mich bei dem Englisch sprechenden, wo ihre Heimat sei. Der ET vollführte eine Handbewegung, und an einer Wand tauchte eine dreidimensionale, farbige Sternenkarte auf. Der Fremde sagte, auch unser Sonnensystem sei Bestandteil dieses Ausschnittes. Dann meinte er etwas sarkastisch, es sei sinnlos, mir zu zeigen, woher sie kommen, denn ich wüsste ja nicht mal, welche Position unsere Sonne einnehme. Ich betrachtete das Punktegewirr und fragte ihn dann, was die Linien bedeuteten, die die größeren mit den kleineren Kugeln verbinden. Der Fremde meinte, die Auskunft nütze mir nichts, doch gehe es um Handels- und Forschungsrouten, aber auch um Planeten, auf denen neues Leben angesiedelt worden sei. Dann führten zwei andere Wesen Barney in den Raum. Sie diskutierten wieder in ihrem Singsang und geleiteten uns hinaus. Im schwachen Mondlicht sah ich unser Auto mit aufgerissenen Türen. Barney wollte sich ans Steuer setzen, doch auf seinem Sitz lag ein schwerer Schraubenschlüssel. Als wir wieder zu Sinnen kamen, standen wir auf dem Highway kurz vor Concord. Der Schraubenschlüssel lag jetzt auf dem Hintersitz. Barney konnte sich nicht erinnern, ihn je in der Hand gehabt zu haben ...«

So weit die wesentlichen Züge vom Tonband, das ich mit Betty Hill aufgenommen hatte. Doch der Fall wurde viel komplizierter. Die Kritik warf den beiden eine »Lügenstory« vor, sie hätten »Albträume« gehabt, es fehlten »die Beweise«, alles sei »zu weit hergeholt«, die Außerirdischen seien »viel zu menschlich«, und ihre ganzen Schilderungen könnten psychologisch plausibel geklärt werden. Ein Psychologe attestierte eine »fiktive Erinnerung«, und die Schlaumeier der Verdrängungsfraktion verkündeten sogar, das Ehepaar Hill sei in jener Nacht »vom Planeten Jupiter« genarrt worden. Wie in ähnlich gelagerten Fällen üblich, summierten sich im Laufe der Jahrzehnte auch hier Argumente und Gegenargumente. [10, 11, 12] Jede Partei konnte sich wunschgemäß bedienen. Nun hatte Betty Hill während der Hypnosesitzungen über die dreidimensionale Sternkarte berichtet und diese Karte aus der Erinnerung nachgezeichnet. Später geschah dies unter posthypnotischem Einfluss noch zweimal. Immer kam dieselbe Zeichnung heraus. Zwei Bilder waren in Bettys Gedächtnis besonders haften geblieben: ein gleichschenkliges Dreieck am unteren, linken Bildrand und zwei größere, hintereinanderliegende Kugeln, die durch mehrere Stränge miteinander verkoppelt waren. Das war der Grund, weshalb sich eine Spezialistin der Sache annahm.

Marjorie Fish, Astronomin und Mitglied der *Mensa International*, sah die Zeichnung von Betty in einer astronomischen Zeitschrift. Am 4. August 1969 trafen sich die Damen. Frau Fish baute mehrere Modelle, die aus allen Blickwinkeln gesehen werden konnten. Und siehe da: Die Nuss wurde geknackt. Alles stimmte: die Abstände der Sterne untereinander, die drei Sterne im gleichschenkligen Dreieck unten links sowie die beiden hintereinanderliegenden »Hauptsterne«, die durch Linien miteinander verbunden waren. Das Unmögliche dabei:

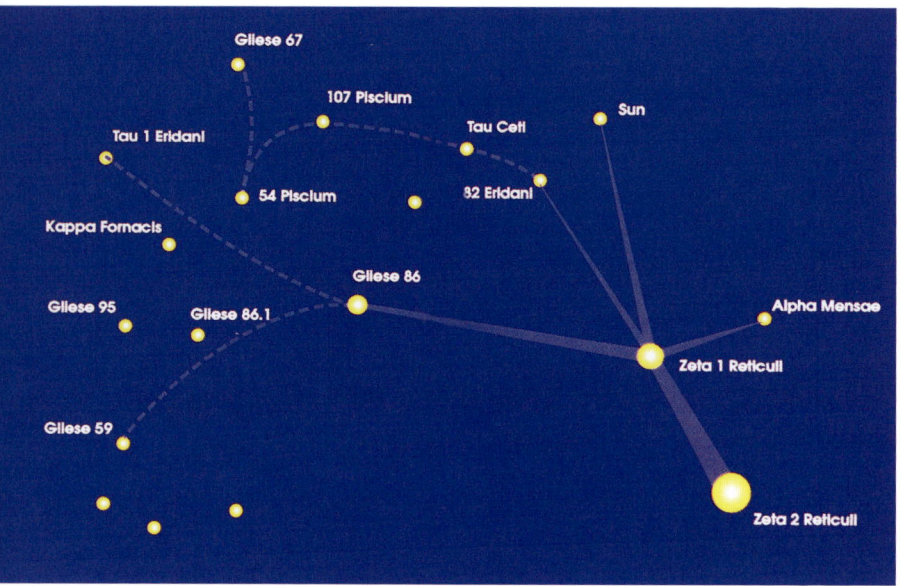

Die von Betty Hill gezeichnete Sternenkarte

Betty Hill hatte eine Konstellation gezeichnet, die Sterne beinhaltete, von denen einige erst im Gliese-Sternkatalog des Jahres 1969 veröffentlicht wurden. Vor 1969 wusste außer dem Astronomen Wilhelm Gliese und einigen wenigen Kapazitäten aus der Astronomie kein Mensch etwas von dieser Konstellation. Betty Hill hatte ihre Karte erstmals 1964 gezeichnet, fünf Jahre vor der Publikation des Gliese-Katalogs.

Dazu der Astronom Prof. Dr. Allen Hynek: »Das alles ist faszinierend und unerklärlich. Kein Astronom der Welt hat zwischen 1961 und 1964 von jenem Dreieck gewusst, das Betty Hill unter Hypnose als eine geometrische Sternenposition zeichnete.« [13]

Selbstverständlich wird ständig versucht, diese Sternenkarte in Zweifel zu ziehen. Da wird geltend gemacht, dank des *Hubble*-Teleskops wüssten wir jetzt viel mehr über die betreffende Himmelsregion als zu Zeiten von Betty Hill. Heute seien noch zusätzliche Sterne vorhanden, die auf der Hill-Karte nicht auftauchen. Stimmt. Ändert aber nichts am Resultat. Bereits 1969 hatte die Astronomin Marjorie Fish viel mehr Sterne im Gliese-Katalog als Betty Hill auf ihrer Karte. Doch bereits damals wurden alle Himmelskörper ausgeschieden, auf denen kein Leben existieren konnte. Zum Beispiel weiße Zwerge, rote Riesen oder Doppelsonnen.

Weiß man jetzt, woher die Fremden kamen? Vom Sternensystem »Zeta 1 + 2« und »Reticuli«. Die Himmelskörper liegen rund 37 Lichtjahre von uns entfernt. Was eigentlich alles über die Raumfahrttechnik jener fremden Besucher sagt.

Die hier aufgegriffenen Fälle von Kenju Terauchi, Melvin Parker/ Charly Hickson sowie Barney und Betty Hill sind nicht irgendwelche der UFO-Literatur entnommenen Geschichten. Ich kannte alle Beteiligten persönlich und bin von der Korrektheit ihrer Schilderungen überzeugt. Es gilt nicht nur das gesprochene Wort, sondern es gelten auch die Hilflosigkeit, die Gefühle, oft auch die Tränen dahinter. In unserer Gesellschaft gibt es nun mal Gruppierungen, die von all den UFO-Begegnungen nichts wissen wollen und ihrer Logik gemäß jeden Strohhalm ergreifen, um ein Ereignis ungeschehen zu machen. Ich nenne sie die »Verdrängungsfraktion«. Das Tröstliche dabei: Auch die »Verdrängungsfraktion« kann keine wissenschaftlich sauberen Beweise für ihre Annahmen liefern. Allerdings avancieren die Annahmen der »Verdrängungsfraktion« oft allzu schnell zu angeblichen Gegenbeweisen. »Der Hill-Fall ist doch längst widerlegt«, lese ich. Ist er nicht. Die Gegner zauberten lediglich andere Annahmen aus ihrer Wunschkiste. Im Fall von Barney und Betty Hill gab es auch harte Fakten, die weggeschoben werden. Etwa die runden, talergroßen Flecken auf dem Dach von Barneys Auto.

In der Nacht des 27. Dezember 1980 zeigte sich über der Militärbasis der *Royal Air Force* in Bentwaters (England) ein unbekanntes Licht. Das Ding leuchtete immer greller, formte sich zu einer kleinen Pyramide und versank in einem Wäldchen jenseits der Flughafenabsperrung. Sergeant Jim Penniston führte eine kleine Truppe zum Lichterpunkt. Das Pyramidchen von circa 2,7 Metern Seitenlänge und zwei Metern Höhe ließ sich vermessen und sogar berühren. Dann entschwand es, zuerst langsam bis auf die Höhe der Baumwipfel, dann mit einer rasenden Geschwindigkeit. Beim Eintritt ins Wäldchen hatte das Licht Äste abgeknickt und im vereisten Winterboden Eindrücke zurückgelassen.

Sämtliche Informationen zu diesem Vorgang erhielt ich persönlich von Nick Pope. Der hatte von 1985 bis 2006 für das britische Verteidigungsministerium gearbeitet und war Chef des offiziellen britischen UFO-Büros. »Das ist einer der tadellos dokumentierten Fälle«, bestätigte mir Nick.
»Was meinen denn die Skeptiker dazu?«
Nick Pope strich sich durchs Haar, blickte mir ins Gesicht, hob verzweifelt die Schultern und schüttelte ratlos den Kopf.
»Für die ist der Fall längst widerlegt. Es habe sich um das reflektierende Licht eines Leuchtturms gehandelt.«
Einer wie ich kriegt hier Vögel! Die Reflektoren des Leuchtturms schleuderten ihre Strahlen Nacht für Nacht in die Gegend. Und das seit Jahrzehnten. Zudem bringen Lichter weder Äste zum Knicken noch lassen sie Eindrücke im vereisten Boden zurück. Wie lange eigentlich lässt sich die Weltöffentlichkeit, die Macht der Journalisten, durch derart unsinnige Äußerungen noch verblenden und ruhigstellen? Und das ganze Jammertheater im Namen der Wissenschaft, des »gesunden« Menschenverstandes. Es ist zum Ergrauen!

Das Pünktchen auf das »i« setzte John Mack, mit dem ich mich mehrmals intensiv und unter vier Augen unterhalten durfte. Wer ist John Mack, und um was geht es?
Vor 25 Jahren legte der amerikanische Autor Budd Hopkins die Resultate einer langjährigen Studie vor, bei der ihm mehrere US-Wissenschaftler geholfen hatten. [14] Hopkins behauptete, vereinzelte Menschen seien von Außerirdischen entführt worden und würden sogar Implantate von ETs tragen. Die wissenschaftliche Reaktion auf Hopkins Enthüllungen war einheitlich. Entführt von Außerirdischen? Alles Quatsch!
In den darauffolgenden Jahren erschienen mehrere Publikationen zum selben Thema. [15, 16] Nichts änderte sich in der öffentlichen Meinung. Im deutschsprachigen Raum kam das blitzsauber dokumentierte Werk von Dr. Johannes Fiebag über entführte Menschen dazu. [17] Ohne nennenswerte Reaktion in der Gesellschaft. Als Nächster folgte Prof. Dr. Dr. John E. Mack mit einem Buch, das den umwerfenden Titel *Abductions* trug. [18] John Mack konnte man nicht mehr ignorieren. Er war nicht nur Professor für Psychiatrie und Medizin an der renommiertesten Hochschule Amerikas, der *Harvard*

University in Boston, sondern auch Träger des begehrten Pulitzer-Preises der USA. John Macks Antwort an seine wissenschaftlichen Kollegen und alle Skeptiker der Welt war niederschmetternd: Ja, lautete das Resultat seiner Forschungen – die Entführungsopfer spinnen nicht, Spermaproben sind mehreren Männern entnommen worden, künstliche Befruchtungen haben stattgefunden und entspringen keinem noch so einleuchtenden Wunschdenken der Opfer.

Ich kannte Prof. Dr. John Mack recht gut. Wir waren Referenten auf denselben Kongressen und besprachen die Probleme auch unter vier Augen. Mack war enttäuscht über die Reaktionen in der Öffentlichkeit und insbesondere in wissenschaftlichen Magazinen. Er meinte, Entführungen von Menschen durch UFOs seien zu hirnrissig, sie überstrapazierten unsere Vernunft. Wissenschaftler und Journalisten, die von UFOs generell nichts halten, seien auch durch Tatsachen nicht zu überzeugen. Das Gehirn verweigere – verdränge – die unbequemen Wahrheiten. Die Skeptiker kennen die üblichen Argumente gegen UFOs, *wissen* mit schlafwandlerischer Sicherheit, dass es keine UFOs gibt – *keine geben kann*. Die indoktrinierte Abschirmung ist vollkommen, die Gehirnblockade total. Und Menschen, die sich immerhin noch einigermaßen mit UFOs abfinden können, halten Entführungen für grotesk, spintisiert, für völlig daneben. Sie sehen keinen Grund für ein derartiges Verhalten von Außerirdischen, so es sie überhaupt gibt.

»Sind Sie restlos davon überzeugt, dass Menschen tatsächlich von UFOs entführt wurden?«, fragte ich den berühmten Professor in einem Restaurant in Istanbul.

»Wir alle sind Teilnehmer in einem Universum, das wimmelt von intelligenten Lebensformen, von denen wir uns selbst abgeschnitten haben«, antwortete John Mack. »Wir werden beobachtet, und es gab Entführungen. Wobei mir das alles überhaupt nicht passt. Ich hasse es, beobachtet zu werden, und noch mehr hasse ich es, von einer fremden Intelligenz wie ein Tierchen im zoologischen Garten behandelt zu werden.«

»Aber es fehlen die Beweise«, wagte ich einzuwenden.

»Die fehlen überhaupt nicht!«, erwiderte John Mack, und ich hörte etwas Spott und Verbitterung in seiner Stimme. »Vereinzelte Entführungsopfer trugen Implantate. Die haben wir herausoperiert und untersucht. Wir fanden von den Elementen her nichts, was es auf unserer

Erde nicht auch geben würde. Aber wir wurden aus den Zusammensetzungen nicht schlau.«

»Ich verstehe nicht richtig ...«

»Wir Menschen markieren Bären, Delfine oder Wölfe, um ihre Reiserouten zu berechnen. Eine Bärin mag vielleicht die Markierung an ihrem Artgenossen sehen und beschnüffeln. Aber sie kann nichts damit anfangen.«

»Und weshalb liest man in der Presse nichts über derartige Implantate an Menschen? Das wäre doch sensationell!«

»Erich – wo denken Sie hin? Dafür ist die Zeit noch nicht reif.«

Inzwischen sind die Bilder von Implantaten mehrfach veröffentlicht worden. Beispielsweise auf Seite 222 des Buches *Ergebnisse aus 40 Jahren UFO-Forschung* von Illobrand von Ludwiger. [19] Herr von Ludwiger ist immerhin Astrophysiker. Über den ignoranten Skeptikerzirkus kann er nur noch gähnen.

Unsinnige Verschwörungstheorien? Alles nur die Fantasien dummer Menschen, die sich wichtig machen wollen? Nichts dahinter als ein großes Bla-bla-bla? Wie die Wissenschaftsjournalistin Leslie Kean beweisen konnte, hat die US-Regierung bereits 1953, als UFO-Sichtungen langsam in Mode kamen, eindeutige Richtlinien herausgegeben, um diese Dinge ins Lächerliche zu ziehen. »Alle Behörden des Geheimdienstnetzes sind dazu angehalten, zum Zwecke der Diskreditierung der UFO-Thematik die Massenmedien zu beeinflussen und zivile Forschungsgruppen zu infiltrieren, ... um UFO-Berichte unglaubwürdig und lächerlich zu machen ... Das öffentliche Interesse an UFO-Vorfällen soll nachdrücklich ausgehöhlt und vermindert werden ... und Geheimdienstagenten sollen dafür sorgen, dass die Fakten führenden Forschern durch gezielte Desinformation vorenthalten werden.«

Alle diese Empfehlungen wurden vom CIA-Gremium schwarz auf weiß festgehalten. Erst 1975 wurde der brisante *Robertson Panel Report* der Öffentlichkeit zugänglich gemacht. [20]

Keine Verschwörungstheorien? War dies denn keine Verschwörung der CIA gegen die UFO-Zeugen? Die Intelligenz der Menschen wird seit Jahrzehnten vergewaltigt. Doch die Intelligenzia windet sich immer noch einzusehen, dass sie missbraucht und gezielt reingelegt wurde.

Vor circa 25 Jahren waren Allen Hynek, Professor der Astronomie, meine Wenigkeit und einige andere Gäste bei einer US-Talkshow. Einer der Teilnehmer meinte zu Professor Hynek: »Wenn es da draußen irgendeine intelligente Spezies gäbe, die uns beobachtet, so hätten die längst diplomatische Beziehungen zu uns aufgenommen.« Allen Hynek: »Wir nehmen doch auch keine diplomatischen Beziehungen zu Hühnern auf.« Ähnlich treffsichere Bemerkungen kenne ich vom »Vater der Weltraumfahrt«, Professor Dr. Hermann Oberth (1894-1989). Gemeinsam mit seiner Tochter war der alte Herr mehrmals Gast im Hotel Rosenhügel in Davos gewesen, das ich früher leitete. Schmunzelnd hatte er mein damals noch unveröffentlichtes Manuskript von *Erinnerungen an die Zukunft* gelesen und gespottet: »Die kommende Kritik muss an Ihnen ablaufen wie Jauche an einer Marmorsäule.« Ich hab's mir gemerkt.

Oberth erzählte mir auch, wie er überhaupt dazu gekommen war, sich mit der Raumfahrt zu beschäftigen. Als junger Mann, Ingenieur von Beruf, hatte er Jules Vernes Buch *Von der Erde zum Mond* gelesen. Darin berichtete Jules Verne (1828-1905), der Altmeister der Science-Fiction, von drei Menschen, die in einer hohlen Kanonenkugel auf den Mond geschossen wurden. »So geht das nie«, protestierte der junge Hermann Oberth und begann zu rechnen. Welche Energie wäre notwendig, um die Erdanziehung zu überwinden? 1923 erschien sein bahnbrechendes Buch *Die Rakete zu den Planetenräumen*. Mit Oberths Formeln rückte eine Weltraumfahrt plötzlich in den Bereich des Machbaren. Und – kurios genug – im Zweiten Weltkrieg war ausgerechnet derselbe Hermann Oberth Lehrer von Wernher von Braun (1912-1977). Der wiederum bastelte in Peenemünde an Hitlers »Wunderwaffe« V-2. Gegen Ende des Krieges lief von Braun zu den Amerikanern über, und mit *Apollo 11* gelang ihm im Juli 1969 der Schuss zum Mond.

Ein hervorragendes Beispiel dafür, wie Fantasie zur Realität wird. Zwischen dem Fantasten Jules Verne und dem Realisator Wernher von Braun lag gerade eine Generation. Doch der Impuls stammte vom Fantasten Jules Verne.

In unserer Zeit – und ich tippe diese Zeilen im Sommer 2015 – tauchen immer wieder Gerüchte auf, die Nazis hätten UFOs entwickelt, und einigen der Ingenieure sei die Flucht nach Argentinien gelungen. Dort hätten sie unterirdische Basen gebaut, und sämtliche UFOs seien in Wirklichkeit nichts anderes als Nazi-Entwicklungen. Selbst der US-

TV-Sender *History Channel* verbreitet in seiner ansonsten ganz vernünftigen Serie *Ancient Aliens* diesen Nazi-Quatsch.
Die Gerüchte über Nazi-UFOs existierten bereits Ende der 1960er-Jahre. Auch darüber hatte ich mich mit Professor Dr. Hermann Oberth unterhalten. »Habt ihr im Geheimen UFOs entwickelt?«, bohrte ich. »Ja, wir haben daran gearbeitet«, meinte der »Vater der Weltraumfahrt« bedächtig. »Doch wir erzielten keinerlei Durchbruch. Einsatzbereite UFOs – und Deutschland hätte den Zweiten Weltkrieg nicht verloren.« Das saß!

Die gerade herrschenden Armen im Geiste werden die Existenz von UFOs niemals eingestehen. Ich schmunzle jetzt schon über die »Widerlegungen« zu nachfolgendem Fall:

Am 26. April 2013 erschien auf dem Radar eines Flugzeuges der US-Grenzbehörde ein unbekanntes Objekt. Dies geschah um 1.22 Uhr über Puerto Rico. Im Einverständnis mit den puertoricanischen Behörden führen die US-Amerikaner dort Aufklärungsflüge gegen Drogenschmuggler durch.

Fest im Cockpit der US-Maschine installiert ist auch eine Kamera, die alle Flugbewegungen aufzeichnet und gleichzeitig sämtliche Daten der »Jetztzeit« einblendet. Um den Bildrand herum werden folgende Informationen geliefert: Nord-Süd-Richtung, geografische Länge und Breite der Flugzeugposition, exakter Kurs und Höhe des Flugzeuges, Höhe über der Erde, Kurs (null bis 360 Grad) vom Fadenkreuz, Entfernung des Flugzeuges vom Zielobjekt, geografische Länge und Breite des Zielobjektes, exakte Zeit (auf die Sekunde genau), Geschwindigkeit sowohl des Flugzeuges als auch des Zielobjektes. Alle diese Daten werden im Takt von Zehntelsekunden aktualisiert und eingeblendet. Sie sind fester Bestandteil der Aufnahmen aus dem Cockpit. Der Pilot kann daran gar nichts verändern.

Das schwarze Objekt tauchte zuerst rechts neben dem Fadenkreuz der Zieloptik auf. Der Pilot fing es wieder ein, verfolgte es, verlor es kurz und erwischte es wieder. Man gewann beinahe den Eindruck, das UFO wünsche, gefilmt zu werden, denn sobald seine Geschwindigkeit zu hoch wurde, veränderte es die Form und bremste ab. Das UFO flog über Wiesen und Felder, dann über den *Rafael Hernandez Airport TJBQ* bei Aguadilla, der für Starts und Landungen sofort gesperrt wurde. Das Objekt raste über zwei Schiffe des Seehafens und dann direkt ins Wasser des Atlantischen Ozeans. Die aufspritzenden Fontänen bezeugten erneut die materielle Art des UFOs. Eine Sekunde später tauchten zwei Objekte aus dem Wasser auf.

Ich mache die Bilder hier publik und zweifle nicht daran, dass die Sektierer der Wahrheitsverblendung daraus eine gigantische Fälschung zaubern werden. Oder sie schweigen dazu. Denn schon der geniale Physiker und Nobelpreisträger Max Planck hatte gewusst: Jede schwerwiegende Erkenntnis durchläuft drei Phasen: 1. Alle sind dagegen. 2. Man schweigt verschämt. 3. Alle schreien: Das haben wir doch immer gesagt!

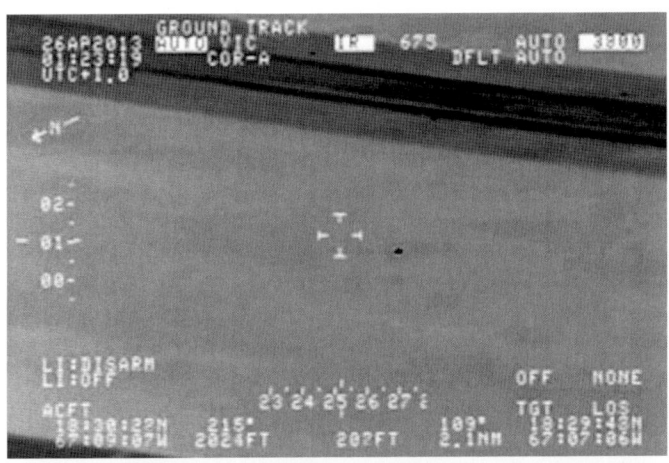

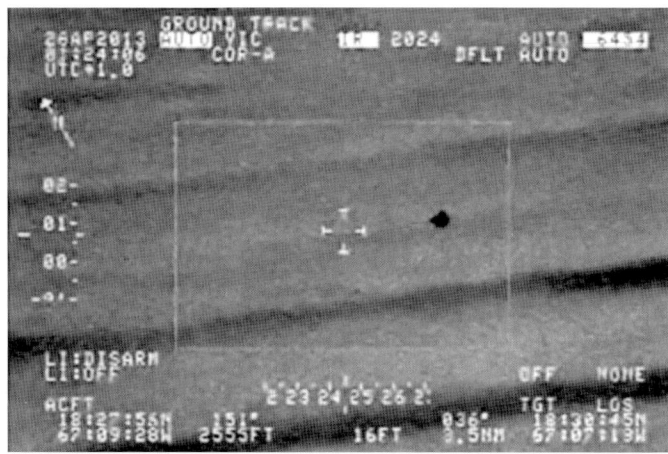

UFO über Puerto Rico, das am 26. April 2013 aus dem Cockpit eines US-Kampfjets aufgenommen wurde.

Kapitel 2

Märchen für die Christenheit

Begegnungen in Kaschmir – Sprachverwandtschaften – Ein Schock für die Christenheit: keine Himmelfahrt – Das Jesus-Grab – Die erfundenen Urtexte – Altindische Veden

Am 23. Oktober 1974 erhielt ich einen Brief von Prof. Dr. F. M. Hassnain aus Kaschmir, Indien. Ich wusste nichts über ihn, doch dem Briefkopf entnahm ich, dass der Gelehrte Angestellter im Staatsarchiv von Kaschmir sein musste. In der späteren Korrespondenz erfuhr ich mehr. [1] Hassnain arbeitete als »Chef der Archive«, dozierte aber auch als Professor für das *Kashmir Research Center for Buddhist Studies* (KRCBS) in Srinagar. Er schrieb, er habe zwei meiner Bücher gelesen und eigentlich müsste mich seine Heimat sehr interessieren. Nicht nur liegen im Hochland von Kaschmir rätselhafte Ruinen aus einer grauen Vorzeit, sondern dort befindet sich auch das Grab von Jesus, dem Gründer der christlichen Religion.

Zuerst war ich wie vor den Kopf gestoßen. Die unbekannten Ruinen interessierten mich zwar, doch ein Grab von Jesus durfte es nirgendwo geben. Ich bin katholisch erzogen, kenne das Neue Testament, und dort steht, Jesus sei von den Toten auferstanden und in den Himmel aufgefahren. Also gibt es kein Jesus-Grab. All dies schrieb ich meinem neuen Korrespondenzpartner. Doch der kannte die Evangelien genauso gut wie ich, antwortete, unser Wissen über Jesus sei lückenhaft – und dies könne er beweisen. Dazu müsse ich allerdings nach Srinagar reisen. Als Chef der Archive könne er mir sowohl die alten Dokumente als auch das 2000 Jahre alte Jesus-Grab zeigen.

Srinagar liegt am Ende der Welt im Hochland von Indien, in der Nachbarschaft Tibets. (Auf welch abenteuerlichen Pfaden ich Kaschmir erreichte, beschrieb ich in einem früheren Buch. [2])

Ich traf den Professor auf der Terrasse des *Oberoi*-Hotels in Srinagar. Es handelt sich bei ihm um ein großzügig angelegtes Bauwerk mit Terrassen, parkähnlichen Gärten und Springbrunnen, das direkt am Wular-See liegt. Die Stadt selbst wird auch als »Venedig Asiens« bezeichnet. Sie wird von vielen Kanälen durchzogen, auf denen es von Booten, Gondeln und verankerten Hausbooten nur so wimmelt. Srinagar liegt auf dem 34. Breitengrad, also auf der Position von Gibraltar oder Damaskus. Eigentlich müsste es hier heiß sein, doch die 1730 Meter Höhe, auf denen der Ort liegt, machen das Klima sehr angenehm.

Professor Hassnain, ein freundlicher, mittelgroßer Mann mit hoher Stirnglatze, begrüßte mich mit dem in Indien üblichen Ritual:

Srinagar im Hochland von Kaschmir

gekreuzte Arme vor der Brust, dann gefaltete Hände und schließlich ein leichtes Kopfnicken. Neben ihm stand eine zweite Person: Prof. Dr. R. K. Koul, ein Sanskritgelehrter und Assistent Director für die State Gazetteers, eine staatliche Publikation. Nach den Höflichkeiten steuerte ich direkt auf mein Ziel los:

»Herr Professor, ein Jesus-Grab existiert nirgendwo. Jesus ist in den Himmel aufgefahren.«

Er blickte mir gutmütig lächelnd entgegen: »Sie werden sich den Beweisen nicht verschließen können.«

»Welchen Beweisen? Ich bin lernfähig.«

»Ich nehme an«, begann Hassnain, »dass Sie während Ihrer Autofahrten durch unser Land beobachtet haben, wie ähnlich die hiesige Bevölkerung den Menschen des historischen Palästina ist. Sie sind von gleicher Statur, haben gleiche Mandelaugen, ähnliche Nasen.

Wie in Israel tragen auch die Männer in Kaschmir ihre Kippa auf dem Kopf

Auch bei uns werden die Knaben beschnitten. Wie im alten Palästina werden die Toten in Ost-West-Richtung begraben. Und wie auch im heutigen Israel tragen die Männer in Kaschmir ihre Kippa, das kleine Käppchen auf dem Hinterkopf. Unsere Landessprache hat unzählige Gemeinsamkeiten mit dem ältesten Zweig des Westsemitischen. Der Sprache also, die Jesus und seine Jünger sprachen.«

»Haben Sie dazu einige Beispiele?«, interessierte ich mich. Professor Hassnain griff nach einer Papierserviette und schrieb einige Worte unter- und nebeneinander:

Aramäisch	Kaschmiri	Bedeutung
Akh	akh	allein
Ajal	ajal	Tod
Awa	awan	blind
Ahad	ahad	eins
Hamah	humaham	Lärm
Loal	lol	Liebe
Qatal	qatal	Mörder
Qabar	qabar	Grab

Bedächtig und im Tonfall ohne jede Rechthaberei fuhr er fort: »Eine alte kaschmirische Überlieferung sagt, der Exodus der Israeliten habe nicht 40 Jahre lang durch die Wüste Sinai geführt, sondern durch die heutigen Länder Jordanien, Syrien, Persien, Afghanistan und Pakistan bis hierher ins Hochland von Indien. Dies erklärt auch die verschiedenen Kämpfe, denen die Israeliten während ihrer Wanderungen ausgesetzt waren. Sie mussten sich ihren Weg durchschlagen. Im Sinai gab es das nicht. Hier im Lande liegen das Moses-Grab und die Gärten des Salomon, hier auch existieren die im 5. Buch Mose erwähnten Berge, die Sie in Palästina vergeblich suchen. Sie können mir glauben, Herr von Däniken – und ich werde es in den Staatsarchiven beweisen –, als Jesus nach seinem angeblichen Tod hierher wanderte, suchte er kein ungefähres Ziel, er wollte ins *Land der Väter!*«

»Und woher wusste Jesus etwas von diesem Land?«

»Es gab mündliche Überlieferungen und schriftliche Hinweise, die vor einigen Jahrzehnten in den Schriftrollen vom Toten Meer gefunden wurden. Zudem gibt es eine unbekannte Vakanz im Leben von Jesus. Niemand weiß, wo er sich zwischen seinem zwölften und 30. Lebensjahr aufhielt. Vielleicht verbrachte er bereits einige Jugendjahre hier.«

»Entschuldigung«, warf ich ein, »da gab es eine Distanz von rund 4000 Kilometern zu überbrücken. Wie?«

Jetzt mischte sich Professor Koul ins Gespräch: »Denken Sie an die kanadischen Siedler. Ohne Eisenbahn, Flugzeuge oder Autos schafften sie die Strecke von der West- zur Ostküste mit ihren Familien und Planwagen in neun Monaten. Und das waren 7000 Kilometer!«

Ich gebe zu, das Gespräch wirbelte meine Gedanken durcheinander. Das war alles schwer verdaubar. Zwar hatte ich längst meine begründeten Zweifel an der biblischen Darstellung über Jesus, doch was ich hier vernahm, widersprach der Geschichte des Juden- und des Christentums vollkommen. Wo blieben die Beweise? Was war mit den alten Dokumenten, die Professor Hassnain erwähnt hatte?

Anderntags fuhren wir auf den Takht-i-Suleiman, den Thron Salomons, auf einem Bergkegel unweit von Srinagar. An den Ruinen einer Tempelmauer zeigte mir Professor Hassnain zwei Inschriften in einer Schriftform, die ich nicht lesen konnte. Er übersetzte: »In dieser Zeit predigte der Prophet Yusu.« Und weiter unten: »Es ist Yus Asaf, der Prophet der Kinder Israels.« »Yus,« so lernte ich, sei die

Übersetzung des Wortes »Jesus«. In der Bibliothek des Staatsarchivs von Srinagar, einem grauen Gebäude aus der britischen Kolonialzeit, legte Professor Hassnain einige Bücher und Folianten auf den Tisch, von denen ich erneut kein Zeichen entschlüsseln konnte. Alles war fein säuberlich mit einer spitzen Feder in Sanskrit hingekritzelt worden.

Hassnain: »Diese Schrift trägt den Titel *Bhavishya Maha Purana*. Auf den Seiten 465 bis 467 ist eine Begegnung von Jesus mit dem damaligen Herrscher von Kaschmir festgehalten. Die Stadt wurde vom König Pravayasena gegründet, doch zu Jesus' Zeiten herrschte Raya Shalewahin. Ich übersetze den Text:

Während der Regierungszeit von Raya Shalewahin ließ sich der Herrscher über die kühlen Hügel Kaschmirs tragen. Da sah der König eine glückliche Person in weißem Linnen im Gras sitzen und um ihn herum mehrere andere, die ihm zuhörten. Shalewahin ließ absitzen und fragte den Fremden, wer er sei. Der Mann im weißen Gewand antwortete mit ruhiger Stimme: »*Ich bin geboren aus einer jungen Frau. Ich bin der Prediger der Mlachha-Religion der wahren Prinzipien.*«

Der König fragte weiter: »*Was ist das für eine Religion?*« *Der Fremde antwortete:*

»*Omaharay* (= *großer Herrscher*), *ich wandelte und predigte im Mlachha-Land* (geografisch: Palästina) *und lehrte die Wahrheiten und lehrte gegen die Zerstörung der Traditionen. Ich erschien dort und sie nannten mich Masih* (= Messias). *Die Herrscher dort liebten meine Lehre nicht, sie verwarfen die Traditionen und verurteilten mich. Ich litt sehr unter ihren Händen.*«

Als der König mehr über die fremde Religion wissen wollte, antwortete der Mann im weißen Linnen: »*Die Religion heißt Liebe, Wahrheit und Reinheit des Herzens. Deshalb wurde ich Masih genannt.*«

Ich war durcheinander. Professor Hassnain lächelte mir zu und fragte, ob er die anderen Schriften übersetzen dürfe. Da ich ohnehin nichts lesen konnte, winkte ich ab. »Morgen vielleicht«, antwortete ich. »Bitte, verehrter Herr Professor, erklären Sie mir, wie ein gekreuzigter, angeblich toter Jesus nach Kaschmir gekommen sein soll.«

Wir setzten uns in ein Büro. Ein hübsches, bescheiden wirkendes Mädchen lächelte und servierte den schwarzen, süßen Tee.

»Die Christen glauben, Jesus sei am Kreuz gestorben. Das ist ein Irrtum. Jesus wurde an einem Freitag zur Mittagszeit ans Kreuz geschlagen. Freitag um Mitternacht begann der Sabbat, der siebte Wochentag, der Tag der Arbeitsruhe und der geistigen Erneuerung. Die römischen Besatzer kümmerten sich nicht um die lokalen Religionen. Jeder konnte an so viele Götter glauben, wie er wollte, und sie respektierten die religiösen Gesetze ihrer Untertanen. Deshalb durfte am Sabbat keiner mehr am Kreuz hängen. Historiker wie der Römer Flavius Josephus, ein Zeitgenosse von Jesus, haben festgehalten, dass die Kreuzigungsstrafe nicht unbedingt ein Todesurteil war, sondern eine barbarische Marter, die starke und gesunde Körper überleben konnten ...«

»Aber ...«, unterbrach ich, »... im Neuen Testament steht doch, ein römischer Soldat habe Jesus in die Seite gestochen, und Blut und Wasser seien herausgeflossen ...«

»... was beweist, dass Jesus nicht tot war. Wäre er tot gewesen, hätte kein Blutkreislauf mehr funktioniert. Doch der Reihe nach: Dem Joseph und dem Nikodemus wurde im Beisein von einigen Frauen gestattet, den Körper vom Kreuz zu nehmen. Die cleveren Männer ließen die Soldateska, die um diese Tageszeit bereits beim Weintrinken war, im Glauben, der Herr sei tot. Die Frauen spielten das Theater mit, bedeckten den geschundenen Körper mit Tüchern und brachten ihn höchstwahrscheinlich ins Haus des reichen Nikodemus. Dort wurde er mit Salben und Kräutern gepflegt und, als er transportfähig war, ins Kloster der Essener am Toten Meer gekarrt. Bedenken Sie, Herr von Däniken, aus den Schriftrollen vom Toten Meer wissen wir, dass Jesus selbst unter den Essenern aufgewachsen war. Diese konservative Gemeinschaft zog Knaben ohne Eltern auf. Im Neuen Testament gibt es mehrere Stellen, von denen man inzwischen eindeutig weiß, dass sie gar nicht erstmalig von Jesus ausgesprochen wurden, sondern Bestandteil der Lehre der Essener waren ...«

»Wie bitte?« Ich starrte ungläubig zu Professor Hassnain.

»Nehmen Sie die berühmte Bergpredigt. Die Seligpreisungen darin sind nicht vom göttlichen Gehirn des Jesus erfunden worden, sondern existierten bereits in der Lehre der Essener. Die Ankündigungen eines Himmelreiches – Bestandteil der Essener. Die Verkündigungen über ein großes Gericht – Bestandteil der Essener. Es gibt im Neuen Testament wenige Gedanken, die nicht bereits vor Jesus in anderen

Religionen vorkamen. Oft wurden sie sogar wortwörtlich übernommen. (Einen Vergleich dazu veröffentlichte ich in Quelle [3].) Johannes der Täufer und Jesus sind übrigens in derselben Klosterschule aufgewachsen.«

»Aber es gab doch eindeutig ein Grab von Jesus!«, warf ich dazwischen.

»Dieses Grab gehörte dem wohlhabenden Nikodemus. Vielleicht war es für ihn selbst bestimmt. Der Evangelist Lukas ...«, Professor Hassnain griff zur *Bibel,* »... beschreibt im Kapitel 24 Vers 1 seines Evangeliums, wie zwei Jünglinge das Grab von Jesus besuchen wollten. Doch die Frauen antworteten ihnen: ›Was sucht ihr den Lebenden unter den Toten?‹«

Inzwischen war Dr. Aziz Kaschmiri, der Autor eines Buches über Jesus, in den Raum getreten. Professor Hassnain forderte ihn zum Sitzen auf. Der neue Mann wusste alles über die Evangelien und das Leben von Jesus. Dr. Kaschmiri bot sich an, mich anderntags zum Grab von Jesus zu führen. Doch dafür war ich noch nicht bereit. Unsere Diskussion wurde hitziger:

»Das Neue Testament beschreibt doch, wie Jesus in den Himmel aufgefahren ist. Es kann kein Grab von ihm geben. Schon gar nicht hier«, fügte ich etwas spöttisch hinzu.

Der hagere Doktor Kaschmiri, der nur aus Haut und Knochen zu bestehen schien, blickte fragend zu Professor Hassnain hinüber. Der nickte. Kaschmiri breitete zwei englische *Bibel*-Ausgaben vor mir aus. Bestimmte Passagen waren farbig markiert.

»Herr von Däniken«, begann er in einem ruhigen Bariton, »es liegt mir fern, in Ihnen Religionszweifel zu wecken ...«

»Die habe ich schon längst ...«

»Sehen Sie hier, das Matthäus-Evangelium, Kapitel 28 Vers 16 und 17«, dozierte Dr. Kaschmiri. »Jesus befahl seine Jünger auf einen Berg in Galiläa. Als sie ihn sahen, warfen sie sich nieder. ›Einige aber zweifelten.‹ Jetzt noch? Wo er leibhaftig vor ihnen stand? Matthäus weiß nichts Ergänzendes von einer Himmelfahrt. Und Markus im Kapitel 16 Vers 19 weiß gerade einen Satz über das wunderbare Ereignis: ›Der Herr Jesus nun wurde, nachdem er zu ihnen geredet hatte, in den Himmel emporgehoben und setzte sich zur Rechten Gottes.‹ Als ob er dabei gewesen wäre! Bei Lukas hingegen führt Jesus seine Jünger höchstpersönlich ›hinaus bis gegen Bethanien‹. Während er sie

segnete, ›schied er von ihnen und fuhr gen Himmel‹. Da fehlt noch der Lieblingsjünger Johannes. Derjenige, der beim Abendmahl an der Brust von Jesus gelegen hat. Erstaunlich – er weiß gar nichts von einer Himmelfahrt ...«
In mir begann es, zu rumoren. Ich wurde als einer der vielen Hundert Millionen Katholiken erzogen, hatte sogar volle fünf Jahre in einem Jesuiteninternat verbracht, hatte *Bibel*-Auszüge in Griechisch und Lateinisch übersetzen müssen, und jetzt saß ich in einem neonbeleuchteten Raum vor einer leeren Teetasse im Hochland von Indien und hörte zwei Gelehrten zu, die gerade dabei waren, auch noch den Rest meines Glaubens zu zerstören. Wieso berichteten die Evangelisten widersprüchlich über die Himmelfahrt? Schließlich waren alle höchstpersönlich dabei und hätten das phänomenale Ereignis einheitlich beschreiben müssen. Weshalb wusste Jesus' Lieblingsjünger Johannes nichts davon? Dieses grandiose Erlebnis hätte nicht nur für alle Anwesenden eine Sensation gewesen sein müssen, sondern auch für die unbeteiligten Zuschauer. Eigentlich hätte ganz Jerusalem über eine derartige Show reden müssen. Doch nicht ein einziger jüdischer oder römischer Geschichtsschreiber der damaligen Zeit notierte auch nur ein Wörtchen über diese phänomenale Himmelfahrt.

Bedächtig wagte ich noch einen Einwand: »Weshalb überhaupt eine Himmelfahrt? So etwas Übernatürliches erfindet man nicht einfach.«

»Und ausgerechnet Sie, Herr von Däniken, fragen danach?« Professor Hassnain lachte breit. »Aus Ihrer Forschung wissen Sie doch, dass eine Himmelfahrt im Denken der damaligen Menschen überhaupt nichts Unmögliches war. In Ihren Büchern bringen Sie viele Belege für Götter, die in den Himmel – nein, in den Weltraum – auffuhren. Biblische Gestalten wie Henoch oder Elias sind in den Himmel aufgefahren. Das war den Menschen bekannt! Götter residierten immer im Himmel. Für die Komponisten des Neuen Testamentes konnte Jesus niemals weniger wert sein als die früheren Götter oder Propheten. Sie *mussten* eine Himmelfahrt daherzaubern. Deshalb die Widersprüche!«

»Und wie soll dieser Untote und nicht in den Himmel aufgefahrene Jesus ins Hochland von Kaschmir gelangt sein?«

Während er immer wieder in irgendwelchen Büchern blätterte, übernahm Professor Hassnain die Antwort:

»Nachdem Jesus wieder gesund war, zeigte er sich seinen Jüngern an versteckten Orten. Thomas wollte es selbst dann noch nicht wahrhaben. Jesus gestattete ihm, seine Wundmale zu betasten. Doch auch die römische Staatsmacht vernahm über die Gerüchteküche, der gekreuzigte Nazarener sei offensichtlich wieder aufgetaucht. Jesus selbst durfte sich nirgendwo zeigen. Sein Gesicht war stadtbekannt. Vermutlich rieten ihm seine Lehrer vom Kloster der Essener, ins Hochland von Kaschmir zu wandern. Dort lebten schließlich Stammesangehörige von ihm.«

Ich überlegte: Tatsächlich hätte sich Jesus in keinem einzigen Land westlich von Israel verstecken können. Der gesamte Mittelmeerraum war damals Römisches Reich. Nur eine Flucht nach Osten versprach Sicherheit vor den römischen Häschern. Ich erinnerte mich an die Geschichte mit Saulus, einem cleveren römischen Offizier. Der musste sich wohl ähnliche Gedanken gemacht haben, denn er stellte Jesus auf der Höhe des heutigen Damaskus eine Falle.»Saul, Saul, warum verfolgst du mich?« (Apostelgeschichte 9, 4)

»Es muss wohl zu einem Gespräch zwischen Jesus und Saul gekommen sein«, vermutete Dr. Kaschmiri.»Jesus überzeugte seinen Verfolger, von ihm abzulassen. Vergessen Sie nie, Herr von Däniken, dass Saulus sich ab diesem Zeitpunkt Paulus nannte. Es war Paulus – nicht Jesus –, der die neue Religion verbreitete. Jesus hatte gelehrt, vor Gott seien alle Menschen gleich. Doch diese Auffassung war im höchsten Grade politisch. Bedenken Sie: Die Sklaven und ihre Kinder sollten gleich viel wert sein wie die Händler und Offiziere? Deshalb wurden die missionarischen Reisen von Paulus von Sklavenaufständen begleitet. Das war der eigentliche Grund für die ersten Christenverfolgungen. Die Religion an sich war den Römern egal – aber niemals die Gleichmacherei. Der Römer Saulus/Petrus wurde schließlich in seiner Heimatstadt Rom enthauptet. In den Augen der römischen Herrscher nur eine Buße für seinen Verrat.«

»Und dort steht heute der Vatikan«, ergänzte ich leise.»Ist Jesus eigentlich alleine nach Kaschmir gewandert?«, wollte ich wissen.

»Nein«, übernahm Dr. Kaschmiri die Antwort.»Mindestens zwei Jünger aus Bethanien und seine Mutter begleiteten ihn. Offenbar hielt die Mutter Maria die Strapazen nicht aus. Sie starb unterwegs. Ihr Grab liegt nur wenige Kilometer westlich des heutigen Rawalpindi in Pakistan. Dort steht ihre Grabeskapelle *Mai Mari* – ›letzte Ruhe der Mutter Maria‹.«

Du meine Güte! Nach katholischer Glaubenslehre ist die Mutter von Jesus mit ihrem Körper in den Himmel aufgefahren. Welche Überraschungen erwarteten mich noch?

Professor Hassnain blickte verständnisvoll zu mir. »Jesus wanderte ins hiesige Hochland und wurde von seinen Stammesbrüdern freundlich aufgenommen. Er heiratete, zeugte Kinder und starb in hohem Alter. Verehrt vom einfachen Mann wie auch von der politischen Oberklasse. Kommen Sie, Herr von Däniken, wir besuchen sein Grab.«

Das Jesus-Grab existiert tatsächlich. (Weil ich in früheren Büchern darauf einging [2, 3, 4], hier nur das Wichtigste.) Mitten in Srinagar liegt eine schmale Gasse mit dem sinnigen Namen Ein Prophet wird kommen. Dann ein Steingebäude mit drei knapp übereinanderliegenden Dächern. *Rauzabal Khanyar* heißt das Bauwerk. In einem abgedunkelten Raum ein Kreuz und daneben brennende Kerzen. Dahinter ein Schrein mit einem doppelseitigen Türchen. Am Boden, umrahmt von einem Holzgestell, ein überhöhter, rechteckiger Monolith. Darunter soll der eigentliche Sarkophag mit Jesus liegen. Auf der Holztafel davor der Schriftzug »Ziarat Yousa« = Grabmal von Jesus. Im Innern eine zweite Inschrift: »Hier ruht Yusa, der berühmte Prophet der Kinder Israels.«

Die »Jesus-Gasse« in Srinagar

»Rauzabal Khanyar« heißt das Bauwerk mit dem Grab von Jesus

Holzschrein, darin das Jesus-Grab

Märchen für die Christenheit | 43

Inschrift »Ziarat Yousa«. Grabmal von Jesus

Der offene Schrein zum Grab

Holzverschalung über dem Grab. Bedeckt mit Blumen und einer Flagge

Das 2000 Jahre alte Grab von Jesus

Ich besuchte das Grab im Herbst 1974. Zwei Jahre später veröffentlichte mein verstorbener Freund Andreas Faber-Kaiser sein Buch *Jesus lebte und starb in Kaschmir*. [5] Andreas Faber-Kaiser machte alle verfügbaren Dokumente publik. Zugänglich für jeden, der es wissen will.

Für christlich erzogene Menschen sind die Enthüllungen über ein Grab von Jesus niederschmetternd. Mir ging es nicht anders. Mit den Jahren lernte ich, dass das Neue Testament nicht das ist, wofür es die Gläubigen halten. Die Evangelisten waren keine Augenzeugen des Lebens von Jesus. Erst nach der Zerstörung Jerusalems durch den römischen Kaiser Titus im Jahre 70 begann man mit Niederschriften über Jesus. Da Jesus nach biblischer Auffassung im Jahre 33 in den Himmel auffuhr, griffelte der Evangelist Markus frühestens 40 Jahre später seine »frohe Botschaft« nieder. Dazu Dr. Johannes Lehmann, Mitübersetzer einer modernen *Bibel*-Ausgabe: »Die Evangelisten sind Interpreten, nicht Biografen ... Sie haben nicht Geschichte geschrieben, sondern Geschichte gemacht.« [6] Der gläubige Christ meint, die Evangelien basierten auf sogenannten »Urtexten« – aber die existieren überhaupt nicht. Was hat man in der Hand? Ausnahmslos Abschriften von Abschriften, die zwischen dem 4. und 10. Jahrhundert entstanden. Unter diesen insgesamt 1500 Abschriften stimmt nicht eine einzige mit einer anderen überein. Über 80 000 (!) Abweichungen wurden gezählt. Es existiert nicht eine Seite dieser »Urtexte«, auf der nicht Widersprüchlichkeiten auftauchen. Der prominenteste »Urtext«, der *Codex Sinaiticus* – wie der *Codex Vaticanus* im 4., nachchristlichen Jahrhundert entstanden –, wurde 1844 im Sinai-Kloster gefunden. Er enthält nicht weniger als 16 000 Korrekturen. [7] Friedrich Delitzsch, Verfasser eines hebräischen Wörterbuches und Fachmann ersten Ranges, stellte allein 3000 Abschreibefehler im »Urtext« fest. [8]

Die Sache mit den »Urtexten« ist eine Irreführung, und jeder studierte Theologe weiß das. Der Normalsterbliche verbindet mit dem Begriff »Urtext« so etwas wie eine Urkunde, etwas wie eine zweifelsfreie Erstschrift, in jedem Fall ein unbestrittenes und unbestreitbares Dokument. Ich staune immer wieder darüber, wie das Märchen vom »Wort Gottes« seit Jahrtausenden durchgehalten wird. Dass aber sogar die »Urtexte«, die von Widersprüchlichkeiten und Fälschungen strotzen, immer noch als »Gottes Wort« verkauft werden, grenzt an Schizophrenie. Inzwischen, als 80-jähriger Forscher im Weinberg des

Herrn, habe ich gelernt, wie der Mensch funktioniert. Er will weder wissen, dass seine Religion nicht stimmt, noch interessiert ihn ein Jesus-Grab im Hochland von Indien. Der Mensch möchte seinen inneren Frieden behalten. Er *will* belogen werden.

Nach einigen Gesprächstagen und Besichtigungen im Hochland von Indien flog ich nach Kalkutta. Mein Verleger Aijt Dutt hatte mich eingeladen. Nach einem Vortrag von mir an der Universität traf ich zum ersten Mal auf Professor Dr. Dileep Kumar Kanjilal. Es war der Beginn einer langen Freundschaft und einer umfangreichen Korrespondenz, die bis heute anhält. [9] Wer ist dieser Professor Dr. Kanjilal?

Geboren am 1. August 1933 in Kalkutta. Sanskritstudium an der Universität Kalkutta, Doktorarbeit über *A reconstruction of the text of Sakuntala*. Gastprofessor an diversen Hochschulen, auch in Oxford. Autor unzähliger wissenschaftlicher Artikel und mehrerer Bücher über Spezialtexte aus der Sanskritliteratur. Bei unserer ersten Begegnung im Sanskrit-College von Kalkutta spottete der klein gewachsene Gelehrte: »Über Sanskrit wissen Sie nichts! Dieses Studium braucht 40 Jahre, und auch dann hat man gerade mal einen Bruchteil der vorhandenen Literatur durchgeackert.«

Professor Dr. D. Kanjilal im Gespräch mit Erich von Däniken

Was sollte ich antworten? Der Mann hatte recht. Zuerst wollte ich wissen, wie alt eigentlich die vedischen Texte seien.

»Die ursprünglichen Überlieferungen sind gut und gerne 5000 vor Christus entstanden, auch wenn westliche Gelehrte das bezweifeln. Sie wurden, vergleichbar den alten *Bibeln* in Ihrem Kulturkreis, immer wieder abgeschrieben.«

»In meinem Vortrag an der Uni gestern zitierte ich einige Stellen aus dem altindischen Epos *Mahabharata*. Dort wird von fliegenden Fahrzeugen gesprochen. Stimmten wenigstens meine Zitate?«

Professor Kanjilal lachte schallend los. »Die stimmten schon, sind aber absolut unvollständig. Wenn Sie an einer Hochschule nicht auf die Querverbindungen hinweisen, werden Sie zumindest von den Fachleuten nicht ernst genommen.«

Das saß. Ich erfuhr, dass Tausende von Sanskrittexten in Klöstern lagerten und selbst die indischen Gelehrten keine vollständige Übersicht darüber hätten.

»Die altindischen Veden – *veda* heißt übrigens Wissen – sind die älteste Literatur der Inder, vielleicht sogar der Welt. Diese Veden sind sozusagen eine Sammlung aller Schriften, die man für übermenschlich und inspiriert hält. Insgesamt gibt es vier große Blöcke dieser Veden. Die 1028 Hymnen des *Rigveda* sind an die einzelnen Götter adressiert. Dazu kommt das altindische Nationalepos *Mahabharata* mit rund 160 000 Versen. Dann das *Ramayana* mit nochmals 24 000 Schloken. Das ist ein Versmaß, das aus jeweils zwei Vierzeilern besteht. Und schließlich die *Puranas*. Hier eine Liste der *Puranas*, da erkennen Sie, wie wenig ihr Europäer über unsere Literatur wisst.«

Professor Kanjilal schob mir einen Zettel zu, dessen Inhalt ich hier wiedergebe.

- *Visnu Purana*, 23 000 Verse
- *Naradiya Purana*, 25 000 Verse
- *Padma Purana*, 55 000 Verse
- *Garuda Purana*, 19 000 Verse
- *Varaha Purana*, 18 000 Verse
- *Bhagavata Purana*, 18 200 Verse
- *Brahmanda Purana*, 12 000 Verse
- *Brahmavaivarta Purana*, 18 000 Verse
- *Markandeya Purana*, 9000 Verse

- *Bhavisya Purana*, 14 500 Verse
- *Vamana Purana*, 10 000 Verse
- *Brahma Purana*, 10 000 Verse
- *Matsya Purana*, 14 000 Verse
- *Kurma Purana*, 17 000 Verse
- *Linga Purana*, 10 000 Verse
- *Siva Purana*, 24 0000 Verse
- *Skanda Purana*, 81 000 Verse
- *Agni Purana*, 15 400 Verse

Gegen diesen Strom von Informationen wird unsere *Bibel* tatsächlich zum Rinnsal. Professor Kanjilal diktierte mir alte Texte, in denen es von fliegenden Fahrzeugen, Weltraumhabitaten und fürchterlichen Waffen nur so wimmelte. Jeder Satz ist exakt mit der betreffenden Textstelle belegt. Einen längeren Beitrag aus dem umfangreichen Wissen Professor Kanjilals veröffentliche ich in meinem Buch *Habe ich mich geirrt?*. [10] Wie aufschlussreich und belegbar seine Recherchen sind, möge nachfolgender kurzer Auszug belegen.

Die fliegenden Fahrzeuge werden im Rigveda als »Rathas« bezeichnet. [11] Das Wort ist übersetzbar mit »Fahrzeug« oder »Wagen«. Die »Rbhus« konstruierten einen fliegenden Wagen für die Zwillinge »Asvinas«. [12] Mit diesem Flugwagen konnte man überall hinfliegen, auch über die obersten Wolkenschichten und in den »Himmel«. [13] In den Hymnen wird erwähnt, der Flugwagen sei schneller gewesen als der Gedanke. [14] Der Flugapparat sei groß gewesen, habe aus drei Teilen bestanden und sei dreieckig gewesen. Das Vehikel verfügte über drei Räder, die während des Fluges eingezogen wurden. [15]

Mich interessierte noch, weshalb denn die altindischen Texte erst heute auf fliegende Maschinen durchforscht werden. Kanjilal:
»Die Übersetzer des 19. und 20. Jahrhunderts waren von ihrem Zeitgeist eingenebelt. Wurde beispielsweise im *Ramayana* von einem fliegenden Wagen gesprochen, der die Berge erzittern lässt, sich mit Donner erhebt, Wälder, Wiesen und die Spitzen der Gebäude verbrennt, dann kommentierte der damalige Professor Albert Ludwig den Text so: ›Es steht außer Zweifel, dass damit nur ein Tropensturm gemeint sein kann.‹ [16] Oder nehmen Sie die Übersetzung von

Professor Hermann Jacobi aus dem Jahre 1893. Ganze Komplexe, die ihm überflüssig erschienen, ließ er einfach weg. Er versah Passagen mit Klammerbemerkungen wie ›sinnloses Geschwätz‹ oder ›diese Stelle kann getrost weggelassen werden, sie enthält nur Fantastereien‹. [17] Damals herrschte ein anderer Zeitgeist, Herr von Däniken. Die Gelehrten waren allesamt klug und integer, aber gleichzeitig betriebsblind und durch die *Bibel* geimpft. Man konnte sich keine Raumfahrzeuge oder fliegenden Paläste vorstellen. Heute wissen wir es besser.«

Professor Kanjilals bahnbrechende Arbeit liegt in englischer Sprache vor. [18] Eine Fundgrube für jeden, der endlich über die fliegenden Maschinen und über die Weltraumschiffe im Altertum Bescheid wissen möchte.

Noch etwas brannte mir bei jenem ersten Gespräch auf der Zunge. Jetzt saß ich dem Fachmann gegenüber, der wohl als Einziger Auskunft geben konnte:

»Könnten diese fliegenden Vehikel, über die übrigens auch in der *Bibel* beim Propheten Hesekiel oder im *Buch der Könige* der Äthiopier gesprochen wird, nicht ganz einfach auf der Erde hergestellt worden sein? Braucht es dazu wirklich Außerirdische?«

Kanjilal: »In der gesamten Sanskritliteratur gibt es keine Zeile, die auf Techniker, Fabriken oder Probeflüge hinweist. Die himmlischen Fahrzeuge waren plötzlich da. Götter schufen und bedienten sie. Innovation, Planung und Ausführung fanden nicht auf unserem Planeten statt. Da gab es keine Evolution. Gar nichts, was Schritt für Schritt entwickelt worden wäre. Und wenn in Einzelfällen Menschen an fliegenden Fahrzeugen arbeiteten, dann waren sie nur die Gesellen, sozusagen die Hilfskräfte irgendwelcher Lehrmeister.«

Tja, dachte ich, und wenn die Entwicklung fliegender Maschinen auf der Erde stattgefunden hätte, dann würde auf dem Mars längst eine irdische Kolonie stehen.

Kapitel 3

Ägyptische Verbindungen

Mein erster Ägyptenbesuch – Ein unerklärliches Erlebnis – Gruften für Monster – Der versiegelte Sarkophag – Wohin sind sie entschwunden? – Morde im Land am Nil – Besuch bei Holeil Ghaly – Rudolf Gantenbrink und ich – Upuaut und die offiziellen Lügen – Neue Rätsel um die Pyramiden

Ich war gerade 19 Jahre alt, als ich zum ersten Mal vor den großen Pyramiden auf einem Kamel hockte. Wie kommt ein 19-jähriges Schweizer Bürschchen nach Ägypten?

Der 19-jährige Student Erich von Däniken auf dem Kamel vor den Pyramiden

Im Jesuiteninternat *Collège Saint-Michel* in Fribourg, Schweiz, das ich fünf Jahre lang besuchte, waren nicht nur Katholiken zugelassen, sondern auch Angehörige anderer Glaubensgemeinschaften. Mein Nachbar auf der Schulbank, Michel Grand hieß der Typ, war koptischer Christ. Ägypter, aufgewachsen im Land am Nil, aber kein Vollblutaraber. Der Vater Ägypter, die Mutter Französin. Michel trug die krause, schwarze Haartracht, wie sie in arabischen Ländern üblich ist, doch seine Gesichtsform und sein Teint passten eher nach Europa. In den Sommerferien 1954 hätte ich eigentlich in die Schweizer Rekrutenschule einrücken müssen, doch Ägypten war wichtiger. Michel hatte mich eingeladen. Die RS, wie die Rekrutenschule in der Schweiz hieß, holte ich wenige Monate später nach.

Also ratterten Michel und ich mit dem Zug nach Marseille und begaben uns für einige Tage an Bord eines französischen Passagierschiffes. *Maréchal Joffre* hieß der alte Kahn, und ich lernte, dieser Maréchal Joffre sei ein berühmter französischer Marschall im Ersten Weltkrieg gewesen.

In Alexandrien wurden wir von einem schwarzen Diener Monsieur Grands begrüßt. Die Grands hießen nicht nur »grand« = groß, sie waren auch begütert. Der Wagen fuhr auf einer asphaltierten Straße teils durch die Wüste, teils durch prächtige Grünlandschaften am Nildelta bis hinauf nach Kairo. Vorbei an den Pyramiden. Trotz meiner begierigen Blicke wurde nicht angehalten.

Die Familie bewohnte ein großes Anwesen mit Gärten um das einstöckige Hauptgebäude. Eingefasst von einer knapp drei Meter hohen Mauer. Verblüfft registrierte ich den krassen Unterschied: innerhalb der Mauer die künstliche Bewässerung. Sie sorgte für eine farbenprächtige Vegetation. Dann der Schnitt, und außerhalb der Mauer nur noch Wüste mit vereinzelten Büschen. Die *Maréchal Joffre* war am Morgen angelandet, inzwischen dampfte die Mittagshitze über Kairo. Nach einem kurzen Mahl meinte mein Freund Michel, hier sei ein Mittagsschlaf üblich. Der Diener wies mir ein Zimmer zu. Wie hätte ich nur schlafen können? Zum ersten Mal in Ägypten, in dem faszinierenden Land, von dem ich aus Büchern einige Geheimnisse kannte. Von Müdigkeit keine Spur. Ich hielt es nicht aus, schlich auf leisen Sohlen über auf Hochglanz polierte Steinböden, die komischerweise nach Bohnerwachs rochen, in den Garten dahinter. Und damit begann mein erstes Abenteuer.

Etwa 20 Meter vom Terrasseneingang entfernt, bestaunte ich mit offenem Mund Blumen und Blätter, die ich nie zuvor gesehen hatte. In die Ruhe hinein drang das Gebell von Hunden. Hinter mir preschten zwei Prachtexemplare von Wachhunden aus dem Gebüsch. Mit gesenkten Köpfen und aufgerissenen Augen röchelten sie mich an, die Körper zum Sprung bereit. Die schwarzen Monster blockierten meinen Weg zurück auf die Veranda. Damals fürchtete ich mich noch vor Hunden, erst viel später in meinem Leben, als meine Gattin und ich selbst große Deutsche Doggen im Hause aufzogen, verlor ich diese Furcht. Jetzt schien mir, die Viecher spürten meine Angst. »Brave Hunde, liebe Hunde«, redete ich dumm in Schweizerdeutsch und bewegte mich Schrittchen für Schrittchen rückwärts. Dann spürte ich im Rücken eine Mauer, und wie durch die Eingebung eines Schutzengels wusste ich plötzlich: *Da ist ein Türchen – wenige*

Meter rechts. Ich schob mich darauf zu, immer noch beruhigend auf die Tiere einredend, und bekam zwei Gitterstäbe zu fassen. Mein »Schutzengel« kommandierte: *Auf Hüfthöhe greifen*. An der unteren Gitterseite ertasteten meine Finger ein eingelassenes Metallstück, das sich nach oben drücken ließ. Bedächtig, um die Angreifer nicht zu erschrecken, zog ich das Gittertürchen auf und zwängte akrobatisch meinen Körper hinaus. Jetzt setzten die Dobermänner zum Sprung an. Zwischen ihnen und mir das Gitter. Die Hunde bellten ununterbrochen und hätten mich wahrscheinlich zerrissen. Dummerweise hatte ich das Gittertürchen von außen nicht ganz zugedrückt, das Schloss war nicht eingeschnappt. Einer der bissigen Wachhunde drückte es mit der Schnauze auf – und ich begann, um mein Leben zu rennen. An den Füßen trug ich Hausschuhe, und außerhalb der Mauer war Sandwüste. Die Hausschuhe flogen weg, und im Sand kann man nicht spurten. Ich hastete die Mauer entlang und wusste plötzlich wie in einem bösen Traum: *Um die Ecke! Da ist nochmals eine Gittertüre! Der Mechanismus ist o-b-e-n!* Ich erreichte das Gitter drei Meter vor meinen Verfolgern, drückte die Taste am obersten Metallstab. Wie im Blindflug riss ich das Türchen auf, wuchtete hinüber und zog das Gitter diesmal fest zu. Von der Außenseite prallten die Dobermänner daran. Heulten und bellten wie von Sinnen.

Ich war tropfnass, schnaufte tief und versuchte erneut, die Wachhunde jenseits des Gitters zu beruhigen. Dann stand ein brauner Hausdiener neben mir. Der erfasste die Situation augenblicklich, rannte ins Haus zurück und kam mit zwei Halsbändern wieder.

Beim Abendessen fragte mich der Vater von Michel erstaunt: »Woher wussten Sie von den beiden Gittertürchen? Sie konnten nicht mal ahnen, dass die geheimen Klinken, die übrigens in die Metallverstrebungen eingelassen sind, unterschiedlich bedient werden müssen. Bei den kleineren Gittern sind sie von innen etwa auf Bauchhöhe angebracht, bei den höheren Gittern haben wir sie auf der obersten Metallleiste versteckt. Niemand sollte von draußen reinkommen. Deshalb.«

Bei mir in der Schweiz kannte ich keine Eisentüren mit geheimen Schlössern. Woher also wusste ich von den Gittern und den versteckten Mechanismen auf unterschiedlicher Höhe? Dies in einem Anwesen außerhalb von Kairo, in dem ich gerade mal eine Stunde verbracht hatte. Das Mysterium beschäftigt mich bis heute. Doch ohne die rätselhafte Eingebung, die in höchster Not erfolgte, hätten die Dobermänner mich zerfleischt.

Am nächsten Morgen wurden wir von einem Diener vor die großen Pyramiden chauffiert und an zwei Ägyptologiestudenten weitergereicht, die für uns angeheuert worden waren.

Von den Pyramiden nach Sakkara sind es nur einige Kilometer. Damals – 1954! – eine Naturstraße. Links begleitet von einem Abwasserkanal, aus dem es fürchterlich stank. Vor der Stufenpyramide von Sakkara erhielten wir fachmännischen Unterricht. Unsere Studenten beeindruckten mich. Sie sprachen Französisch und schienen alles zu wissen. Gegen fünf Uhr am späten Nachmittag erkundigte sich einer, ob wir Mut hätten und in ein unterirdisches Labyrinth steigen möchten. Wir wollten! Damals wurde in Sakkara intensiv gegraben. Überall Arbeiter mit einfachstem Gerät: Schaufeln, Spaten, Kübel, Seile, Esel und dazwischen – mit Pinsel und Maßstab – Archäologen, die meistens in einem Loch knieten und irgendetwas notierten. Man kannte

Im Camp der Ausgräber bei Sakkara, Ägypten

sich gegenseitig. Es wurde einander zugerufen, gewunken, gelacht. Lampen, Fackeln und Kerzen wechselten die Hände. Wir betraten einen Korridor unter der Wüste, hoch und breit genug, um mit einem Traktor hineinzufahren. Beidseitig des Korridors Nischen und darin die größten Sarkophage, die ich je in meinem Leben gesehen hatte. Inzwischen hatte sich ein junger Archäologe unserer Vierer-Crew angeschlossen. Der Scheinwerferkegel huschte über einen glatt polierten Steinblock. Mutig fragte ich: »Was ist da drin?«
»Stiere, junger Mann, heilige Stiere. Alle mumifiziert.«
Einige Schritte weiter wieder eine breite Nische im Gewölbe, der nächste Stiersarkophag. Gegenüber im Korridor dasselbe. Gigantische Monstersarkophage, so weit das Licht der Lampe reichte. Mit jedem Schritt wirbelten wir Staub auf. Neue Nischen – neue Sarkophage. Mir war unheimlich zumute. Der feine Staub reizte die Kehle, ich schob ein Taschentuch vor die Nase. Alle Stierbehälter waren geöffnet, die Granitdeckel, von denen ich später erfuhr, sie seien bis zu 30 Tonnen schwer, ruhten etwas verschoben auf den Sarkophagen. Ich wollte eine Stiermumie sehen und bat meine Begleiter um Hilfestellung. An ihren Händen, Hüften und Schultern kletterte ich hoch, legte mich mit dem Bauch auf die obere Kante eines Sarkophages. »Die Lampe bitte!« Das Innere war blitzsauber – und leer. Ich versuchte es bei vier weiteren Sarkophagen. Überall mit dem gleichen Resultat. Wo waren die Stiermumien? Hatte man sie entfernt? In ein Museum gebracht? Ich erkundigte mich beim Archäologen, doch der zuckte die Schultern. »Wahrscheinlich schon bei der Entdeckung im Jahre 1851 herausgenommen«, meinte er.

Seither habe ich das Serapeum, so heißt die Anlage offiziell, mehrmals besucht. Ich studierte die Entdeckungsgeschichte und weiß inzwischen, dass in den gewaltigen Behältern nie Stiermumien lagen. Der ausführliche Bericht darüber steht in meinem Buch *Die Augen der Sphinx*. [1]

33 Jahre nach meinem Jugendbesuch saß ich Prof. Dr. Holeil Ghaly gegenüber. Er war in den 1980er-Jahren der Chefausgräber von Sakkara. Offizieller Titel: Direktor der Antiquitäten von Sakkara. Ich sagte ihm:

»Herr Professor, ich habe den Grabungsbericht von Auguste Mariette, dem Entdecker des Serapeums von Sakkara, sehr gründlich studiert. Ist Ihnen eigentlich bekannt, dass Mariette hier nie einen heiligen Stier gefunden hat?«

Professor Dr. Holeil Ghaly, Chef der Altertumsverwaltung in Sakkara

Dr. Holeil Ghaly überlegte kurz: »Ja, das ist mir bekannt.« Dr. Ghaly ist ein zugänglicher, offener Ägyptologe mit einem phänomenalen Wissen über seinen Fachbereich. Wir trafen mehrmals zusammen und besprachen auch Dinge, die nicht an die Öffentlichkeit sollten. An derartige Stillschweige-Vereinbarungen hielt ich mich stets. Weshalb? Sollte der Forscher auf der Jagd nach dem Unmöglichen nicht erst recht veröffentlichen, was ihm zugetragen wird?

Angenommen, ich hätte Dinge, die mir anvertraut wurden, publik gemacht. Ein Journalist möchte meine Aussage überprüfen und befragt Dr. Holeil Ghaly. Der muss sich schützen und versichert, Herr von Däniken habe ihn missverstanden. Jetzt stehe ich als Lügner da – und die persönliche Beziehung ist futsch. Zudem spricht es sich in Fachkreisen blitzschnell herum: Dem Däniken nichts anvertrauen! Der missbraucht es! Es war Dr. Holeil Ghaly, der mir den einzigartigen Besuch im Grab von Sechemchet ermöglichte. Darüber durfte ich schreiben, sollte aber die Nachfolgegeschichte lieber für mich behalten.

Sechemchet? Wer ist das?

Im Jahre 1951 stieß der Archäologe Dr. Zakaria Goneim südwestlich der Stufenpyramide von Sakkara auf eine Mauer im Wüstensand.

In den Fels gemauerter Schacht, der zum Grab von Sechemchet führt

In den folgenden Grabungsmonaten zeigten sich die Umrisse einer riesigen Umfassung in den Abmessungen von 546 mal 185 Metern. Schließlich stieß Goneim auf zwei Stufen einer Pyramide mit einer Basislänge von 120 Metern. Im Januar 1954 tauchte ein rechteckig aus dem Fels geschnittener Schacht auf, der in die Tiefe führte. Goneim und seine Mannschaft arbeiteten sich mit Pickel und Schaufel mühsam durch die Gesteinsschichten. In 32 Metern Tiefe erschien eine verschlossene Türe, die ganz offensichtlich auch zu keiner Zeit durch Grabräuber aufgebrochen worden war, denn das Siegel war unberührt. Schließlich stand man in einem unterirdischen Raum von 8,9 Metern Länge, 5,2 Metern Breite und 4,5 Metern Höhe. Durch Inschriften und Töpfereien wusste man inzwischen längst, zu wem das Grab gehörte. Zu Djoserteti, der unter dem Horus-Namen Sechemchet in der dritten Dynastie regiert hatte. Das war um 2700 vor Christus oder vor rund 4700 Jahren, wenn man die Gegenwart als Bezugspunkt nimmt. Und damit war Sechemchet älter als der Cheops der Großen Pyramide.

Der eigentliche Grabraum war »ungehobelt« aus dem Fels gearbeitet worden. Keinerlei geschliffene Monolithen, keinerlei Malereien an den Wänden. Doch auf dem Boden lagen 21 Armreife, 388 goldene Perlen, 420 Fayencekugeln und ein vergoldeter Stab. Im Zentrum der Felshöhle der herrliche Sarkophag aus weißem Alabaster, einer Abart des Marmors. Der Sarkophag bestand aus einem einzigen Alabasterblock, im Stück herausgeschnitten. Auf dem Oberteil lagen die jahrtausendealten Überreste eines Blumengebindes, das jemand dem verstorbenen Pharao als letzten Gruß hingelegt haben musste. Der Profi Zakaria Goneim begriff sofort, welches »Pfund« ihm das Glück in die Hände gespielt hatte. Die Schicht von Pflanzenresten war einerseits der Beweis für die Unberührtheit des Sarkophages, andererseits gestattete das pflanzliche Material eine präzise Datierung durch die C-14-Methode. (Mit Kohlenstoff 14 sind exakte Altersbestimmungen bis zu 10 000 v. Chr. möglich.) Damit die Pflanzenreste nicht durch irgendeinen Durchzug oder die Atemluft der Ausgräber verunreinigt oder gar weggeblasen wurden, deckte sie Zakaria Goneim mit einem rechteckigen Holzdeckel ab. Ich habe ihn noch 1987 fotografiert.

In den darauffolgenden Tagen wurden der Sarkophag und die Felsenhöhle penibel untersucht. Es gab keinerlei Hinweise auf eine Graböffnung in den vergangenen 4700 Jahren. Nicht mal die Spur einer versuchten Gewaltanwendung war feststellbar.

Aus dem Alabasterblock herausgeschnittene Schiebetüre

Ägyptische Verbindungen | 63

Jahrtausendealte Überreste eines Blumengebindes

Holzdeckel zum Schutz des Blumenstraußes

Üblicherweise liegen auf den Sarkophagen schwere Deckel – doch hier war alles anders. Wie bei einem Tierkäfig zeigte der Sarkophag von Sechemchet an der Vorderseite eine Schiebetüre. Aus dem Alabaster herausgeschnitzt waren Schienen und Leisten. Offensichtlich ließ sich die Türe nach oben aufziehen. Zudem verschloss sie den Sarkophag luftdicht. Ein einzigartiges und unvergleichliches Kunstwerk, der schönste und zugleich älteste Sarkophag, den Ägyptologen je bestaunt hatten. Nie zuvor und nie danach war etwas Derartiges im Land am Nil entdeckt worden. Auch passte der zeichnerische Entwurf des Sarkophages partout nicht in die Zeit von 2700 vor Christus. Man bedenke: Jede Technologie hat ihre Evolution, zuerst muss erfunden, gepröbelt und entwickelt werden. Schließlich konnte kein Steinmetz aufs Geratewohl einfach loshämmern. Ein Schlag an der falschen Stelle – und der Block war futsch. Also musste der Sarkophag mitsamt der Schiebetüre und der dazugehörigen Gleitschienen schon vor dem ersten Meißelschlag geplant und berechnet worden sein. Von irgendeinem Steinzeit-Michelangelo. Außerdem klebte ein ungebrochenes Siegel zwischen der Schiebetüre und der Sarkophagwand. Es gab keinen Zweifel mehr: In der Alabastertruhe ruhte die Mumie von Sechemchet. Deshalb informierte Zakaria Goneim die Regierung Ägyptens und mit ihrer Erlaubnis einige Journalisten. Sie alle sollten Zeugen bei der sensationellen Graböffnung sein.

Am 26. Juni 1954 war es so weit. Ägyptische Regierungsvertreter, ausgesuchte Archäologen und Journalisten aus aller Welt waren eingeladen. Filmkameras und Fotoapparate waren installiert, der unterirdische Raum wurde mit Scheinwerfern ausgeleuchtet. Selbst Chemikalien standen für den Fall bereit, dass gleich an Ort und Stelle irgendein Mumienstück vor dem sofortigen Zerfall geschützt werden musste. Alles starrte auf den Sarkophag. Unbeschreibliche Gefühle von Hoffnung und Ehre wallten in Zakaria Goneim auf. Dann erteilte er das Kommando zur Öffnung.

Zwei Arbeiter schoben Messer, dann Meißel in den kaum wahrnehmbaren Spalt am unteren Ende der Öffnung. Dünne Seile wurden bereitgehalten, um die Schiebetüre hochzuziehen. Volle zwei Stunden dauerte der Kraftakt. Es war wie verhext, oder wirkten hier die Gesetze des Vakuums? Endlich ein winziger Spalt an der Unterseite, das Türchen bewegte sich einige Millimeter. Messer blieben darin stecken, stärkere Meißel wurden angesetzt, über die Hebelwirkung sollte sich das vermaledeite Ding endlich nach oben drücken lassen. Dann ein Ächzen und Stöhnen des Alabasters, als wehre er sich gegen die Gewalt. Die ersten Zentimeter waren geschafft. Sofort wurde eine Eisenleiste dazwischengeklemmt, damit die Türe nicht wieder zurückrutschen konnte. Still, schweißtriefend und angespannt verfolgten die Vertreter der Öffentlichkeit den Kampf gegen den Alabaster. Ruckweise öffnete sich das Türchen. Nach jedem Zentimeter wurden Holzpflöcke in die Öffnung geschoben. Die steckten auch 33 Jahre später noch im Sarkophag, als mein Freund Rudolf Eckhardt und ich das Prachtstück fotografierten.

Zakaria Goneim ging als Erster in die Knie, leuchtete erwartungsvoll in die dunkle Öffnung. Dann nochmals und nochmals. Verwirrt richtete er sich auf: Die grandiose Alabastertruhe entpuppte sich als blitzsauber – und leer. Ein Ding der Unmöglichkeit. Schließlich war der Eingang zur unterirdischen Gruft ungebrochen gewesen, keinerlei Grabräuber hatten den Raum je betreten, mit Gold überzogene Perlen und andere Wertgegenstände waren unberührt. Es gab weder Tunnels noch Rückstände von Einbrechern. Zudem der letzte Blumengruß auf dem Sarkophag. Der stammte vermutlich von der Geliebten, die ihren Herrn bis hinunter in die Gruft begleiten durfte. Dazu die total verschlossene Schiebetüre mit dem ungebrochenen Siegel des Pharaos. Wo also blieb die Mumie?

Als Kenner der antiken Texte erinnerte ich mich an eine Passage des Historikers Diodor von Sizilien. Der lebte im ersten Jahrhundert vor Christus längere Zeit in Alexandrien. Er kannte die Texte seiner Vorfahren und wurde Verfasser einer 40-bändigen Geschichtsbibliothek. Im ersten Buch seines Werkes schrieb Diodor, einst hätten die Götter auf der Erde gelebt. Erst sie hätten den Menschen abgewöhnt, sich gegenseitig aufzufressen. »Diese Götter haben Weizen und Gerste gezüchtet, die Menschen im Bergbau unterwiesen und vieles mit Namen belegt, wofür man bisher noch keinen Ausdruck hatte.« [2]

Und wo sind die Leichname dieser Götter? Diodor weiß Bescheid: »Was vom Begräbnis dieser Götter erzählt wird, widerspricht sich aber meist, *weil es den Priestern verboten war,* das ihnen mitgeteilte genaue Wissen über diese Dinge weiterzuverbreiten. Weshalb sie die Wahrheit nicht unter das Volk bringen durften, da denen Gefahr

drohte, welche diese geheim zu haltende Kunde über diese Götter unter die Masse brächten.«
Diodor hatte vom *Begräbnis der Götter* geschrieben. Und alles über diese Begräbnisse müsse geheim gehalten werden. Jetzt stand ich in einer uralten Felsenhalle, älter als Cheops, und die Widersprüche prasselten wie das verhaltene Gekicher dieser Götter auf mich ein. Die Wucht und die gleichzeitige Zartheit des Alabastersarkophages von Sechemchet passten nicht in das Felsenloch. Stand ich vor dem Schlafbehälter eines der legendären Götter? Hatte sich hier ein Göttersprössling zur Ruhe gelegt? Vielleicht nicht für die Ewigkeit, sondern nur für einige Jahrzehnte oder Jahrhunderte, bis seine raumfahrenden Kollegen ihn abholten und wieder aufweckten? Absurd? Heute existieren in Florida zwei Totenpaläste, in denen tiefgefrorene Leichname auf ihre Wiedererweckung in der Zukunft warten. Wir suchen nach Möglichkeiten, Astronauten auf ihren langen Reisen in einen tiefschlafähnlichen Zustand zu versetzen. War die Uhr des Göttersprösslings XY abgelaufen? War er ernsthaft erkrankt? Ging es nur noch darum, den Körper mithilfe der richtigen Medikamente in einen Winterschlaf zu versetzen und zu warten, bis die Kameraden im Mutterraumschiff zurückkehrten, ihn anpeilten und meinetwegen wegbeamten? War deshalb eine mit prächtigen Monolithen und farbigen Bildern ausstaffierte Grabkammer überflüssig, ja sogar gefährlich? Je mehr Künstler in einem Prachtgrab arbeiteten, desto mehr wurde getratscht. Eine wunderbar ausstaffierte Kammer hätte jahrelanges Betreten des unterirdischen Raumes bedeutet, und exakt dies sollte vermieden werden. Einmal im Tiefschlaf, sollte kein Steinmetz, kein Priester und kein Künstler mehr den unterirdischen Raum aufsuchen dürfen. Dies war ein göttlicher Befehl: *Weil es den Priestern verboten war, das ihnen mitgeteilte genaue Wissen über diese Dinge weiterzuverbreiten* (Diodor).

War der Sarkophag des angeblichen Sechemchet in Wirklichkeit niemals von irgendwelchen Unbefugten aufgebrochen, sondern von der einzig berechtigten Mannschaft geöffnet und wieder verschlossen worden? Jetzt hatten sie ihren schlafenden Gott, und die Wissenschaft der Zukunft mochte getrost darüber rätseln, wie um alles in der Welt die Mumie bei einem geschlossenen und versiegelten Sarkophag entschwunden war.

All dies waren spekulative Gedanken, die mich vor dem leeren Alabastersarkophag durchzuckten. Mein damaliger Besuch war nur durch die freundschaftlichen Beziehungen zu Dr. Holeil Ghaly möglich geworden. Existierten andere Sarkophage, die genauso leer waren wie jener von Sechemchet? Ich erkundigte mich bei Dr. Holeil Ghaly: »Archäologen der *Harvard University* aus den USA entdeckten im Jahre 1925 in Gizeh das Grab von Hetepheres I. Das war die Gattin von Snofru und vermutlich die Mutter von Cheops. Der Sarkophag bestand genauso aus Alabaster wie derjenige von Sechemchet. Allerdings ohne Schiebetüre. Über der Truhe lag ein schwerer Deckel. Und wie bei Sechemchet gab es keinerlei Zweifel: Niemand hatte die 27 Meter unter der Erde liegende Gruft je betreten. Alles war unberührt: Goldene Armreifen, Goldplatten am Boden, eine mit Gold überzogene Sänfte – kein Dieb war je in die Grabkammer eingedrungen. Auch hier trug der Sarkophagdeckel ein ungebrochenes Siegel. Dann dasselbe Rätsel wie bei Sechemchet: Die Wanne war blitzsauber und leer. Wir vermuten, es könnte sich um Scheingräber gehandelt haben. Dem widersprechen allerdings das Gold und der Schmuck in den Gruften. Scheingräber werden nicht mit Schätzen gefüllt ...«

Scheingräber. Weshalb sollen Pharaonen Scheingräber angelegt haben? Die genauso mühsam aus dem Fels gebrochen werden mussten wie die echten Gräber. Um die Grabräuber in die Irre zu führen, lautet die klassische Antwort. Aber – meine Herren! – nicht bei Sechemchet! Weshalb denn nicht? Die ganze Pyramidenbauerei begann doch erst mit der Stufenpyramide von Sakkara (um 2650 v. Chr.). *Vorher* wurde nie ein Pharao zu Grabe getragen. Djoser, der Erbauer der Stufenpyramide von Sakkara, gehörte zur selben dritten Dynastie wie der verschwundene Sechemchet. Aber zu jener Zeit existierten noch gar keine Grabräuber. Die Pharaonen der dritten Dynastie kannten überhaupt keine aufgebrochenen Gräber – das kam erst später. Weshalb also sollten sie mühsam Gänge und Gruften in die Felsen treiben lassen? Weshalb die Scheingräber mit Gold und Edelsteinen ausstaffieren, wenn doch überhaupt keine Mitteilung vorlag, die Gräber ihrer Vorfahren seien ausgeraubt worden?

Übrigens ist der Felseinschnitt, der zur Grabkammer des Sechemchet führt, längst wieder versandet. Zutritt unmöglich.

Und der Entdecker der unterirdischen Anlage, Prof. Dr. Zakaria Goneim, hat sich 1959 umgebracht.

Andere wurden umgebracht. Nachfolgend ein schreckliches Beispiel. Alle paar Jahre führe ich Reisegruppen der *Ancient Astronaut*

Society (AAS) nach Ägypten. (Mehr über die AAS am Ende des Buches.) Dank meiner Beziehungen und genügend Bakschisch gelingt es jedes Mal, die »Däniken-AAS-Gruppe« an unzugängliche Orte zu führen. Etwa in das Serapeum mit den gigantischen Sarkophagen, in die unvollendete Kammer oder den Teich unter der Rampe zur Pyramide. Für »normale« Touristen nicht zugänglich. Über Jahrzehnte wurden unsere Gruppen durch den Ägyptologen »Adel« begleitet, bei dem es sich um eine sehr gebildete und zurückhaltende Persönlichkeit handelte, über die ich später erfuhr, dass sie für den ägyptischen Geheimdienst tätig war. »Adel« versuchte sogar, einen ägyptischen Verleger für eines meiner Bücher zu finden. Ich hatte für die Finanzierung der Übersetzung vom Deutschen ins Hocharabische gesorgt. Wir waren chancenlos.

»Weshalb um alles in der Welt will kein arabischer Verleger meine Bücher drucken?«, erkundigte ich mich bei »Adel«. »Schließlich liegt eine komplett fertige arabische Übersetzung vor.«

»In deinen Büchern geht es um ›Götter‹, und Götter sind für jeden Muslim ein Sakrileg, sozusagen eine Todsünde. Es gibt nur einen Gott: Allah.«

»Aber Adel, wir beide wissen doch, dass es beim Wort ›Götter‹ in meinen Büchern nur um ein Missverständnis geht. Tatsächlich gibt es keine Götter außer Allah. Doch unsere technisch ungebildeten Steinzeitvorfahren glaubten, die Außerirdischen seien Götter. Lässt sich denn dieser Unterschied den arabischen Verlegern und Intellektuellen nicht beibringen? Schließlich reden die antiken Historiker, angefangen bei Strabon über Plutarch und Herodot bis hin zu Diodor oder selbst dem Ägypter Manetho, auch von Göttern!«

»Recht hast du, Erich. Doch dem ungebildeten Volk ist dieser Unterschied nicht beizubringen, und noch weniger den Imamen.«

Getreu dieser Logik ist bis heute keines meiner Bücher in einem arabischen Land publiziert worden. Der Glaube verunmöglicht es und die Verleger und Buchhändler haben Schiss. Doch gegen TV-Serien ist die Zensur machtlos. So flimmert denn die 100-teilige Serie *Ancient Aliens* des *History Channels* auch über Arabiens Bildschirme.

Mein Freund »Adel« wurde am 17. November 1997 von arabischen Terroristen erschossen. Dies geschah beim Anschlag im Vorhof des Totentempels der Hatschepsut in Deir-el-Bhari auf der gegenüberliegenden Nilseite von Luxor. An jenem traurigen Novembertag starben

36 Schweizer, zehn Japaner, sechs Briten, vier Deutsche, zwei Kolumbianer und ein Ägypter. Der hieß »Adel«. Er war auf einen der blindwütigen Terroristen zugerannt und hatte geschrien: »Sofort aufhören!« Der Terrorist jagte seinem Landsmann und Glaubensbruder »Adel« mehrere Kugeln direkt ins Gesicht. Im Namen Allahs.

Prof. Dr. Holeil Ghaly und EvD im Gespräch

Bei einem Abendessen im Hotel *Sheraton* in Kairo fragte mich Dr. Holeil Ghaly: »Kennen Sie die Pyramidentexte?« Ich hatte darüber gelesen, aber noch nie einen derartigen Text im Original gesehen. Am anderen Tag stoppte Holeil Ghaly seinen Jeep vor einem großen Loch im Boden von Sakkara. »Pepi I.«, dozierte er, »regierte von 2289 bis 2255 vor Christus. Wir sollten jetzt nicht stören. Ein französisches Team führt gerade Messungen durch.« Kurz darauf parkten wir vor dem Grab von Unas, einem Pharao der fünften Dynastie (2356–2323 v. Chr.). Mit gebeugtem Rücken gingen wir schräg hinunter in einen Stollen. Bereits der Vorraum zur eigentlichen Grabkammer war übersät mit Inschriften. Dann im Heiligtum ein Sarkophag aus schwarzem Basalt. Wände und Decken buchstäblich »bepflastert«

Im Innern des Grabes von Unas in Sakkara

mit Hieroglyphentexten. Derartige Texte wurden auch in den Gruften von Pepi, Seti und anderen Pharaonen gefunden. Die Fachwelt sortiert und ordnet diese Texte in sogenannte »Utterances« (= Sprüche mit Nummerierungen). Ich sprach Dr. Holeil Ghaly darauf an:
»Was halten Sie davon?«
»Die Pharaonen glaubten an ein anderes Leben in einer Welt nach dem Tode. In einer neuen Welt. In den Pyramidentexten werden ihre Wünsche und Vorstellungen ausgedrückt.«
»Und wenn nicht …?«
»Wie meinen Sie das …?«
»Vielleicht ging es nicht um Vorstellungen in einer anderen, sondern eher um Danksagungen für diese Welt …«
»Hier kann ich Ihnen nicht mehr folgen!«
Zum Verständnis: In den Pyramidentexten von Unas wird Osiris mit dem Sternbild Orion gleichgesetzt. Er fährt »zur Himmelsstraße«. Osiris ist ein »Horizontbewohner«, der mit seinem Schiff »von der Erde abstößt« und »zum Himmel aufsteigt« (Utt. 303). Spruch Num-

mer 267 hält gar fest: »Eine Treppe zum Himmel ist für mich aufgestellt, und ich stieg hoch auf dem Rauch des großen Gefäßes ... und donnerte über den Himmel in deiner Barke. Ich darf in deiner Barke vom Land abheben.« [3, 4] Oder Spruch Nummer 584: »Die Türen des (?, unlesbar), die im Firmament sind, wurden für mich geöffnet. Die Metalltüren, die im Sternenhimmel sind ...« Angesichts derartiger Aussagen muss wohl einer wie ich an etwas anderes denken als an psychologisch gedeutete Wünsche für ein Leben nach dem Tode.

Am 22. März 1993 ereignete sich in der Großen Pyramide eine Sensation ersten Ranges. Ein kleines Maschinchen mit dem Namen *Upuaut* hatte, ausgehend von der südlichen Seite der Königinnenkammer, einen Schacht schräg nach oben abgefahren. Konstrukteur und Vater des Roboters war der Deutsche Rudolf Gantenbrink. Nach über 60 Metern Fahrt schräg nach oben kam der Roboter vor einer kleinen Türe mit zwei Kupferbeschlägen zum Stillstand. Die Überraschung war perfekt, denn bislang hatte die Ägyptologie stets nur von einem »Luftschacht« oder einem »symbolischen Schacht« gesprochen. Und jetzt dieses Türchen mit Metallbeschlägen. Unmöglich! Trotz der phänomenalen Entdeckung im Innern der Pyramide erfuhr die Presse zuerst einmal gar nichts davon. Die Entdeckung wurde geheim gehalten – auch von mir. Ich gehörte damals genauso zu den Geheimnisträgern. Mein Wissen stammte von Rudolf Gantenbrink persönlich. Und dem hatte ich mein Schweigen versprochen. Wie kam es zur ersten Begegnung?

Wieder mal weilte ich in Sakkara, besuchte Gräber und Ruinen. Dies im Februar 1993. Nach getaner Arbeit steuerte ich die Bar des Hotels *Mövenpick* in Gizeh an. Ich war müde, durstig und unrasiert. Mir gegenüber saß jemand, der mindestens ebenso ungepflegt dreinschaute wie ich. Wir starrten uns einige Zeit an, bis der Fremde auf Deutsch sagte:

»Irgendwie sehen Sie wie dieser ›Däniken‹ aus ...«
»Das Original«, nickte ich und fragte: »Was treibt Sie nach Ägypten?«
»Sie sind wohl der Letzte, dem ich das anvertrauen würde«, erwiderte der Fremde und lachte mir freundlich zu.

Er schien ein Geheimnis mit sich herumzutragen und hielt mich wohl für einen Esoteriker. Für einen dieser »Pyramidioten«, mit denen man besser keine Wahrheiten austauscht. Schließlich erfuhr ich seinen Namen – der mir damals nichts sagte –, und nach einem sachlichen Gespräch und etwas Wein respektierten wir uns. Später kam das »Du« und die Bitte:

»Wenn du mir versprichst, niemandem zu erzählen, was ich hier mache, und schon gar kein Wort irgendeinem ›Journi‹ gegenüber verlierst, könnte ich dir etwas anvertrauen.«

Der Rest ist klar. Rudolf Gantenbrink und ich sind längst Freunde geworden. Damals, im Hotel *Mövenpick* in Gizeh, gingen wir sogar in sein Zimmer, und er demonstrierte mir den Roboter *Upuaut*. Wie kleine Buben hockten wir am Boden und spielten *Upuaut*. Ich bekam zudem einige höchst verblüffende Videosequenzen zu sehen, die *Upuaut* im Innern des Schachtes aufgenommen hatte. Inzwischen ist der *Upuaut*-Roboter im Jungfraupark in Interlaken (Schweiz) zu besichtigen. Doch wie war Rudolf Gantenbrink überhaupt auf die weiß Gott nicht gerade naheliegende Idee mit dem Roboter gekommen? Schließlich gehörte er nicht zum auserwählten Kreis der Ägyptologen. Rudolf erklärte es mir in Kairo:

»Die ganze Geschichte begann, als ich während des Golfkrieges in Ägypten weilte. Ich hatte Herrn Prof. Dr. Rainer Stadelmann vom DAI, dem Deutschen Archäologischen Institut in Kairo, vorgeschlagen, ob man nicht mal diese Luftschächte – sie hießen ja damals noch Luftschächte – näher anschauen sollte. Mittlerweile besaßen wir nämlich eine Technologie, die Derartiges ermöglicht. Wir haben dann 1992 eine Belüftungsanlage in die Pyramide gebaut. Dabei stellten wir fest, dass die alten Schächte irgendwo rauskommen. Das war der Ausgangspunkt der ganzen Untersuchung. Das Folgeprojekt nannten wir *Upuaut-2*, und diesen Namen muss man natürlich erklären. Die Idee stammte von Professor Stadelmann, denn *Upuaut* ist ein altägyptischer Gott und heißt übersetzt etwa ›Öffner der Wege‹.«

Von welchen Schächten ist hier die Rede? Die Große Pyramide enthält drei Kammern, und nach Einschätzung von Professor Stadelmann trifft dies auf alle ägyptischen Pyramiden zu. Stadelmann gilt als Erfinder der »Dreikammertheorie«. Jeder Tourist, der im Schweiße seines Angesichts in die Cheops-Pyramide klettert, bekommt zwei dieser Kammern zu Gesicht. Die obere nennt man großzügig »Königskammer«, obschon nie eine Mumie darin gefunden wurde, und die untere, etwas kleinere, heißt dementsprechend »Königinnenkammer«. 35 Meter senkrecht unter der Pyramide liegt noch eine dritte Kammer: die unvollendete

Ägyptische Verbindungen | 73

Auf der Spitze der Pyramide suchte Rudolf Gantenbrink nach Öffnungen

Kammer. Sowohl von der Königs- als auch von der Königinnenkammer führen Schächte ins Pyramidengestein. Man nannte sie stets »Luftschächte«, »Seelenschächte« oder »symbolische Schächte«. [5] Die Sensation, die Rudolf Gantenbrink möglich machte, betraf den Südschacht, der von der Königinnenkammer aus in die Seitenwand führt.

Die Bezeichnung für dieses Loch als »Luftschacht« war von Anfang an ein Unsinn, denn der Schacht ist erst im Jahre 1872 herausgebrochen worden. Vorher existierte kein Loch in der Wand. Also hätte *vor* 1872 auch keine Luft in die Kammer strömen können. Wie kam es zur Entdeckung? Der Brite W. Dixon hoffte, in der Pyramide geheime Schätze zu finden, und klopfte mit einem kleinen Hämmerchen Zentimeter für Zentimeter die Wände der Königinnenkammer ab. An zwei Stellen klang es hohl. Jetzt griff Mister Dixon zum Pickel, brach die Wände auf und entdeckte so den Nord- und Südschacht. All dies im Jahre des Herrn 1872.

Beide Schächte müssen vor Baubeginn zur Planung der Pyramide gehört haben. Sie konnten nicht nachträglich herausgemeißelt worden sein. Dazu sind sie mit einer Seitenlänge von knapp 20 Zentimetern zu eng. Auch ein Kind würde da nicht hindurchpassen. Der Roboter *Upuaut* schon.

Die Idee zu diesem Gefährt, die Konstruktion und der Bau des Roboters sowie die eigentliche Fahrt im Innern der Pyramide sind ein Verdienst von Rudolf Gantenbrink. Finanzielle Hilfe erhielt er von den Sponsoren Escap in Genf (Spezialmotoren), Hilti in Vaduz (Bohrtechnik), Gore in München (Spezialkabel) und Mäurer und Wirtz in Stollberg.

Der Roboter *Upuaut*

Ägyptische Verbindungen | 75

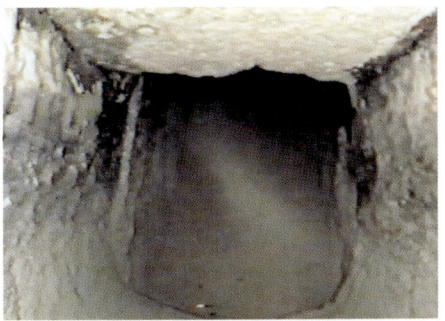

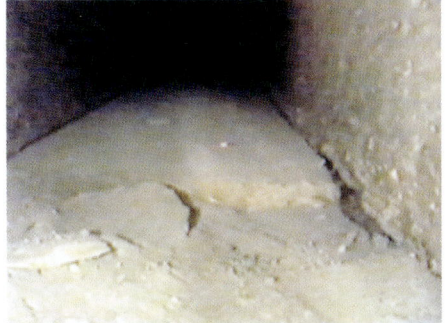

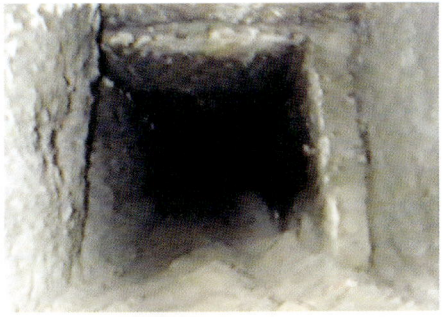

Ausschnitte aus dem
Südschacht im Innern
der Pyramide

Man sollte meinen, Gantenbrinks Einsatz und seine persönliche Leistung würden von den Ägyptologen gewürdigt. Wenn heutzutage ein Astronom einen neuen Stern oder Kometen entdeckt, erhält der Himmelskörper nicht selten den Namen des Entdeckers. Nicht so im Falle Gantenbrinks. Obschon die Sensation am 22. März 1993 exakt um 11.05 Uhr perfekt war und sowohl die Fachleute in Kairo als auch diejenigen des Deutschen Archäologischen Institutes (DAI) genau Bescheid wussten, herrschte eisiges Schweigen. Keine Meldung ging an die Öffentlichkeit. Niemand durfte etwas verlautbaren. Dann zeigte Rudolf Gantenbrink Teile des Videos, das *Upuaut* während seiner Fahrt aufgenommen hatte, einigen Fachleuten. Nicht Presseleuten! Doch irgendwie erfuhr ein Journalist davon. Zwei Wochen nach der Entdeckung in der Pyramide erschien im britischen *Daily Telegraph* eine kleine Meldung mit dem Titel »Portcullis Blocks Robot in Pyramid«. [6] Die Meldung erreichte auch Kairo. Und jetzt begann die Lügerei.

Das DAI in Kairo dementierte das Ganze kategorisch. »Das ist vollkommener Quatsch!«, sagte die Institutssprecherin Christel Egorov der Nachrichtenagentur *Reuters*. [7] Und weiter: Es handle sich bei den gefundenen Stollen nur um Luftschächte, und ein Miniroboter sei lediglich eingesetzt worden, um die Feuchtigkeit zu messen. Es sei bekannt, dass die Große Pyramide keine weiteren Kammern mehr enthalte.

Die Aussagen waren falsch, und im DAI wusste man dies. Schließlich wurde zu diesem Zeitpunkt bereits ein gutes Jahr mit Rudolf Gantenbrink zusammengearbeitet. Es wurde noch toller: Professor Dr. Rainer Stadelmann, der große Herr der deutschen Ägyptologie und Direktor des DAI, verneinte die Möglichkeit einer geheimen Kammer hinter dem Türchen rundweg. Vor Journalisten erklärte er: »Es ist allgemein bekannt, dass jeder Schatz in der Pyramide längst ausgeraubt ist.« [8] Sein Mitarbeiter, der Ägyptologe Dr. Günter Dreyer, doppelte nach: »Da ist nichts hinter dieser Türe. Es ist alles Einbildung.« [9] (Mehr darüber in Quelle Nummer [10]) Die Ägyptologen wollten Rudolf Gantenbrink loswerden. Was hatte er falsch gemacht? War er unhöflich gewesen? Unprofessionell? Hatte er unwissenschaftliche Ideen in die Welt gesetzt? Nichts von alledem. Es gab von Gantenbrinks Seite keinerlei Spekulationen über den Schacht und die Türe. Weshalb wollte man ihn dann ausbooten?

Er sprach mit der Presse. Dies nicht etwa, indem er zu Journalisten gelaufen wäre – es war umgekehrt: Ausgelöst durch britische Wissenschaftler bekamen die Journalisten Wind von der *Upuaut*-Fahrt. Jetzt erst befragten die Medienleute Herrn Gantenbrink. Logischerweise konnte er nicht lügen und behaupten, er habe nie einen Roboter konstruiert usw.

Inzwischen sind die Beziehungen zwischen Rudolf Gantenbrink und Professor Stadelmann genauso gestorben wie diejenigen zum damaligen Direktor der Altertumsverwaltung in Kairo: Dr. Zahi Hawass.

Was geschah seither? Wo ist die Fortsetzung der Entdeckungen?

Im September 2002 setzte die amerikanische *National Geographic Society* einen neuen Roboter in den Gantenbrink-Schacht. Der war mit einem kleinen Bohrer versehen. Ein Loch wurde durch das Türchen gedreht und die Kamera hindurchgeschoben. Rund 18 Zentimeter hinter dem ersten Türchen tauchte eine Wand auf. (Mehr darüber in Quelle Nummer [11]) Professor Dr. Marc Lehner, der berühmteste Ägyptologe Amerikas, meinte, es handle sich um einen »symbolischen Verschluss«, durch den die Seele des Pharaos reisen müsse, um in die Totenwelt zu gelangen. [12] Zahi Hawass, immerhin Direktor der Altertumsverwaltung, interpretierte die Wand als »another sealed door« – eine weitere versiegelte Türe. Selbst die Kupferbeschläge auf dem Türchen durften in den Augen der Spezialisten keinerlei praktische Bedeutung haben. Es handle sich um »symbolische Beschläge«, hieß es.

Immerhin durchfuhr der Roboter der *National Geographic Society* auch den bislang unbekannten Schacht in der Nordseite der Königinnenkammer. Dieser Schacht verläuft nicht schnurstracks nach oben – wie der Südschacht –, sondern macht einen Bogen um die Große Galerie, was die Planung der Ingenieure zu (angeblich) Cheops Zeiten nochmals verkompliziert haben muss. In derselben Höhe wie beim Südschacht blockierte auch hier ein Türchen mit zwei Kupferbeschlägen das Weiterkommen.

Jahre vergingen. Ein neuer Roboter, *Djedi* getauft, durchfuhr den »Gantenbrink-Schacht« auf der Südseite. Das Wörtchen »Djedi« bedeutet auf Arabisch »Cheops«. Ein Loch, gerade mal groß genug, um ein Endoskop hindurchzulassen, wurde durch die Wand gebohrt. Auf der anderen Seite kam ein kleiner, glatt polierter Raum zum Vorschein. Oben an der linken Wand wurde so etwas wie ein Geschmier oder Zeichen in einer roten Farbe sichtbar. Was immer es sein soll – Hieroglyphen sind es nicht. Doch zu Cheops Zeiten waren Hieroglyphen bekannt. [13]

Die Fachleute erkennen in allem pure Symbolik. Ob Schächte, Beschläge oder Türchen. Die Seele des Pharaos sollte sich wohl teilen und gleichzeitig durch den Nord- und den Südschacht entfleuchen. Offensichtlich hat die arme Pharaonenseele diesen schizophrenen Akt der Spaltung nicht geschafft. Beide Türchen sind seit der Erbauung der Pyramide fest verschlossen. Möge doch irgendwann der durch Symboliken vernebelte Verstand der Ägyptologen entfleuchen.

Kapitel 4

Belogen – betrogen – missbraucht

Schweizer Pilot in Brasilien – ARD-Korrespondent Karl Brugger – Tatuncas aufregender Bericht – Tonbandprotokolle – Ein unsichtbar machender Gürtel? – Morde am laufenden Band – Tatuncas Entlarvung – Verbindung nach Ecuador? – Padre Le Paige und die Gräber von Außerirdischen – Die Entdeckung des »Lochstreifenbandes« – Bestochen mit einer Tabakspfeife – Heli-Flug ins Ungewisse – Die Schätze des Carlos Crespi

Am 18. November 1975 erhielt ich einen 16 Seiten langen, handgeschriebenen Brief aus Manaus, Brasilien. Absender war ein mir unbekannter Herr Ferdinand Schmid. Der stellte sich als Schweizer vor. Er sei früher Pilot der *Swissair* gewesen, habe als Kapitän eine DC-8 geflogen und lebe nun in Brasilien. Von Zeit zu Zeit führe er mit kleinen Propellermaschinen medizinische Flüge für die FUNAI durch, die *Fundação Nacional do Índio*. Das ist die offizielle Indianerschutzbehörde Brasiliens. Seine weiteren Mitteilungen faszinierten mich im höchsten Grade. Er, Ferdinand Schmid, kenne inzwischen einen weißen Indio recht gut, der am oberen Amazonas lebe und Häuptling eines Stammes sei. Der Typ nenne sich »Tatunca Nara« und behaupte, auf seinem Stammesgebiet gebe es unterirdische Hallen mit technischen Geräten einer außerirdischen Zivilisation. Zurückgelassen vor Jahrtausenden.

Wow! Wenn das stimmte …? Zuerst erkundigte ich mich bei der Personalabteilung der *Swissair* in Zürich, ob bei ihr ein Flugkapitän namens Ferdinand Schmid existiere. Das wurde bestätigt. Herr Schmid sei allerdings pensioniert. Jetzt schrieb ich der FUNAI nach Manaus und erbat Auskunft über diesen Suizo (= Schweizer) namens Ferdinand Schmid. Wie die *Swissair* bestätigte auch der Regionaldirektor der FUNAI, ein Herr Kazuto Kawamoto, Schmids Angaben. Erst nach diesen bestätigenden Informationen über Herrn Schmid antwortete ich nach Manaus und signalisierte mein Interesse. Aus jenem ersten Brief zwischen Ferdinand Schmid und mir ist ein Stapel von Korrespondenz geworden. [1] Stück für Stück erfuhr ich eine fantastische Geschichte, die eigentlich zu unmöglich war, um wahr zu sein. Dann besuchte mich Ferdinand Schmid in der Schweiz. Ein gebildeter, grundehrlicher Mensch, der von seiner Sache überzeugt war. Ich hatte Feuer gefangen.

Von Ferdi – wie ich ihn bald nannte – erfuhr ich, dieser Häuptling Tatunca Nara habe deshalb eine weiße Hautfarbe, weil seine Mutter eine deutsche Missionarin am Amazonas gewesen sei. Auch Karl Brugger, der deutsche ARD-Korrespondent in Brasilien, könne dies bezeugen. Von diesem Karl Brugger erschien im Herbst 1976 ein Sachbuch: *Die Chronik von Akakor*. [2] Karl Brugger war studierter Historiker und lebte seit Jahren in Brasilien. 1974 wurde er offizieller Korrespondent für den deutschen Rundfunk und die ARD. In Bruggers *Die Chronik von Akakor* wurde alles bestätigt, was ich bereits von

Ferdinand Schmid und Erich von Däniken

Ferdi Schmid wusste. Brugger beschrieb in seinem Buch, wie er Tatunca Nara kennenlernte und seine Angaben so weit überprüfte, wie dies am Amazonas überhaupt möglich war. Gemäß Tatunca seien etwa um 13 000 vor Christus Raumschiffe am Firmament aufgetaucht. Die Fremden verhielten sich der Menschheit gegenüber wie Lehrmeister, bevorzugten aber ein »auserwähltes Volk«, den Stamm der Ugha-Mongulala. Hauptort dieses Stammes soll Akakor gewesen sein, eine Stadt am oberen Amazonas. Dann sei eine schreckliche Flut über die Erde hereingebrochen. Nur wenige Stämme überlebten. Zitat:

»Noch lag Zwielicht auf der Erde Antlitz. Verhüllt waren Sonne und Mond. Da erschienen Schiffe am Himmel, gewaltig und von goldener Farbe. Groß war die Freude der überlebenden Diener. Ihre früheren Herren kehrten zurück. Und das auserwählte Volk holte seine Geschenke hervor. Federn vom großen Waldvogel, Bienenhonig und Früchte. Alle, bis zum Geringsten, blickten zu den Altvätern herauf. Aber viele waren es nicht mehr ... So sind meinem Volk nur die Erinnerungen geblieben und die Rollen und die grünen Steine. Sie liegen in den unterirdischen Bezirken, wo sich auch Lhasas Flugscheibe und das seltsame Gefährt befinden, das über Berge und Wasser gehen kann. Diese Scheibe ist von goldglänzender Farbe und besteht aus einem unbekannten Material. Sie hat die Form einer Tonrolle, hoch wie zwei übereinanderstehende Männer und ebenso breit. Die Scheibe bietet zwei Menschen Platz. Sie hat weder Segel noch Ruder. Aber unsere Priester erzählen, dass Lhasa damit schneller fliegen konnte als der schnellste Adler und sich in den Wolken bewegte wie ein Blatt im Wind. Ähnlich geheimnisvoll ist auch das seltsame Gefährt. Sieben lange Beine tragen eine große, versilberte Schale. Drei der Beine sind nach vorn, vier nach hinten gerichtet. Sie gleichen gekrümmten Bambusstangen und sind sehr beweglich. An ihren Enden befinden sich Rollen von der Größe einer Seerose ...« [2]

Für einen wie mich, der seit seiner Jugendzeit auf den Spuren der Götter wandelt, kam Karl Bruggers Buch wie eine Erleuchtung. Endlich schien es irgendwo auf diesem Erdenrund fremde Technologien zu geben. Berührbar. Fotografierbar. Da musste ich hin, egal, was es kostete.

Mit Karl Brugger unterhielt ich mich oft. Er ist seit vielen Jahren tot – er wurde am 1. Januar 1984 regelrecht hingerichtet. Brugger war gerade mal 41 Jahre alt. Der Täter, der niemals gefunden wurde, drückte mehrmals ab und floh ohne Beute.

Mein Freund Wolfgang Siebenhaar ist dem Drama um Karl Brugger und Tatunca Nara gründlich nachgegangen. Zu Bruggers Mord stellte er Fragen:

Für wen war der ARD-Korrespondent möglicherweise zu unbequem geworden? Suchte dieser Jemand am Ende des Brugger'schen Aufenthaltes in Südamerika seine letzte Chance zu wahren, weil es ihm in Rio de Janeiro leichter erschien, Brugger zu töten, als im fernen Deutschland? (Brugger hatte die Absicht, nach Deutschland zu reisen.) Ist Brugger seine langjährige Recherche in Sachen Akakor und Tatunca Nara zum Verhängnis geworden? [3]

Karl Brugger blieb nicht der einzige Mord in diesem Krimi um Tatunca Nara. Andere sollten folgen. (Mehr darüber später)

Ich begann, eine Expedition in diese geheimnisvolle Stadt Akakor in Betracht zu ziehen. Über diese Möglichkeit korrespondierte ich ausführlich mit Ferdinand Schmid, doch auch mit der FUNAI in Manaus und einigen Professoren in den USA. Am 11. Januar 1977 traf

Ferdinand Schmid in Manaus mit Tatunca Nara zusammen. Ferdi sollte sondieren, ob ein Expeditionsteam in Akakor willkommen sei. Mit dem Einverständnis von Tatunca Nara ließ Ferdinand Schmid ein Tonband mitlaufen. Nachfolgend ein Auszug aus dem Gespräch:

FS *(= Ferdinand Schmid): Tatunca ist jetzt bei mir. Und wir werden miteinander die ganze Angelegenheit so weit behandeln, wie wir dies können. Heute ist der 11. Januar 1977. Herr Tatunca, was ist der Unterschied zwischen Akakor und Akahim, und weshalb soll die geplante Reise nach Akahim unternommen werden?*

TN *(= Tatunca Nara): Ich, Tatunca Nara, der Fürst von Akakor, grüße und ehre den, der den Mut hat, den Spuren der Altväter zu folgen. Ich weiß nicht, ob Sie als Idealist oder aus welchen Gründen auch immer in der ganzen Welt herumreisen, um Beweise zu suchen, dass die Götter Astronauten waren ...» Aka« heißt Befestigung,» kor« ist die Nummer zwei,» him« ist die Drei,» nis« wäre übrigens die Eins. Akanis mag in der Altchronik vorhanden gewesen sein, ist aber in unserer Geschichtsführung nie erwähnt worden. Akakor, die Befestigung Nummer zwei, dort waren die Wohnstätten unserer Götter oder heute der lebenden Toten, wie wir sie nennen. Bon, Akahim ist die Befestigung Nummer drei ..., vielleicht in der Größe nicht so groß wie Akakor. Akahim klebt an einer Felswand, ist irgendwie vergleichbar mit Machu Picchu in Peru. Die Stadt hat unterirdische Zugänge ... Akahim ist mehr eine Art von Werft, eine Werkstatt. Dort sind noch sehr viele Maschinen vorhanden, es sind Lichter da, es stehen andere Maschinen herum, aber die Technik ist artenfremd, nicht deutbar ...*

FS: *Darf ich Sie, Tatunca, nochmals bitten, Ihre Erklärung abzugeben betreffs der Verantwortung, die Herr von Däniken übernehmen müsste?*

TN: *Bon, Herr von Däniken muss sich im Klaren sein, was hinterher kommt. Was passiert dann, nachdem Herr von Däniken Akahim verlassen hat? Wenn er gefilmt hat und einige Sachen mitgenommen hat? Es sind die Folgen dieser Expedition. Ist sich Herr von Däniken wirklich im Klaren darüber, was geschieht, nachdem er bewiesen hat, die Götter sind Astronauten gewesen? Wenn er eine Technik zeigt, die bisher nie im Bereiche eurer Möglichkeiten gestanden hat? Wird die Zivilisation*

Verantwortung tragen? Wir verlangen ja nicht viel. Wir verlangen die Sicherheit für das Leben und Überleben unseres Volkes. Und Land für Ackerbau und Viehzucht. Dafür können wir alles übergeben, auch die Maschinen unserer Götter. Und wie gedenkt dann Herr von Däniken gegenüber den Großmächten zu handeln? Den Russen? Den Amerikanern? ... Ich wünsche nicht, dass mein Name in der Weltöffentlichkeit genannt wird, ich will Sicherheit für mein Volk ...

FS: *Gut, diese Probleme können wir dann nachher weiterverfolgen. Nun etwas anderes, Tatunca. Wie glauben Sie, dass Sie Ihrem Volk das Unternehmen des Herrn von Däniken klarmachen können? Und dass den Beteiligten dieser Expedition der friedliche Ablauf gesichert ist?*

TN: *Wie ich schon sagte, es ist nicht die Expedition des Herrn von Däniken, die uns Angst macht. Es sind die Folgen davon ... Und daran muss Herr von Däniken denken und sich etwas einfallen lassen. Er muss nicht nur seinen persönlichen Einfluss geltend machen, sondern Wissenschaftler zurate ziehen, dass dann für unsere Sicherheit auch wirklich etwas getan wird. Ich sage Ihnen offen: Ich gehe mit dem Vorschlaghammer gegen die Maschinen vor, denn ich bleibe ja dort in Akahim, und gehe mit dem Vorschlaghammer gegen diese Maschinen vor, um die Götter aus dem Universum zurückzurufen ...*

FS: *Gut, Tatunca, ich glaube, wir haben doch Verschiedenes besprochen, was wir Herrn von Däniken zustellen können. Und jetzt habe ich hier noch eine Liste in den Händen, und zwar die Liste mit den Anschaffungen für die Reise ...*

TN: *Eine Bezahlung lehne ich ab. Herr Schmid, darf ich Sie kurz unterbrechen. Ich verlange nichts dafür, ich brauche kein Geld. Mir liegt weder an Gold noch an Diamanten ... Fünf Jahre meines Lebens habe ich dafür hingegeben, einen Kontakt mit der Zivilisation und der FUNAI und dem Militär herzustellen. Es ist mir nicht gelungen. Immer stieß ich auf Widerspruch und Unglaube. Ich verlange jetzt nur die Ausrüstung, damit ich rasch zu meinem Volke kann. Dann komme ich im Mai zurück und hole Herrn von Däniken. Mag er in der Zivilisation glücklich werden damit. Däniken ist wohl der Einzige, der die ganzen Zusammenhänge verstehen kann. Die anderen verstehen nichts ...*

FS: *Bon, dann beanspruchen Sie eigentlich von Herrn von Däniken nur die Übernahme der entsprechenden Spesen ...*

TN: *Ja. Es ist aber notwendig, dass er bis Ende dieses Monats hier ist. Wir sind an die Regenzeit gebunden. Ich kann sonst nicht nach Hause und wieder zurückkommen. Die Distanzen ...*

FS: *Gut, Herr Tatunca, es geht ja jetzt darum, die Expedition durchzuführen. Ich werde mit Herrn von Däniken die ganzen Probleme behandeln. Und noch etwas, das Herrn von Däniken sehr interessiert: Wann und wie wurden Sie als Häuptling der Mongulala ernannt?*

TN: *Wann und wie? Es war 1970. Ich kam 1968 von Deutschland zurück hierher nach Brasilien ...*

FS: *Ja, auch das ist eine Frage: Wann und unter welchen Umständen sind Sie nach Deutschland gekommen? Was haben Sie dort unternommen, und wie lang war Ihr dortiger Aufenthalt?*

TN: *Bon, dann muss ich auf 1955 zurückgreifen. 1955 starb meine Mutter, 1956 reisten wir nach Akahim. 1957 kehrten wir zurück. 1958 kehrte mein Schwager zu seinem Volk nach Akahim zurück. 1959 stürzte ein Flugzeug der brasilianischen Luftwaffe vom Himmel herunter. Sechs Offiziere gerieten in Gefangenschaft unseres Volkes. Mein Vater wollte sie töten. Ich aber wusste von den Erklärungen meiner Mutter sehr viel über die Zivilisation. Ich hatte den Wunsch, diese Stämme der Zivilisation kennenzulernen. Und so verließ ich Ende 1959 mit den sechs Offizieren Akakor. Sie brachten mich nach Manaus, und dort sollte ich irgendein Dokument bekommen. Auf der Registratur fragte man mich nach dem Namen. Ich sagte Tatunca. Dann wollten sie meinen Nachnamen wissen, und ich sagte: »de-u-ascha-nara«, was bedeutet: Ich habe keinen Nachnamen. Der Mann, der schrieb, hörte nur »Nara«, und so bekam ich einen brasilianischen Pass auf den Namen Tatunca Nara. Der Pass wies mich gleichzeitig als Indio aus. Mit dem Dokument konnte ich mich frei bewegen. Im Hafen lag auch ein deutsches Schiff. Sie wissen ja, dass auch Meerschiffe den breiten Amazonas hinauffahren können bis Manaus. Jetzt hörte ich zum ersten Male Worte und Sätze des Volks meiner Mutter. So halfen mir die Seeleute und versteckten mich an Bord. In*

Deutschland reichte mich die Seepolizei an alle möglichen Konsulate in Hamburg. Man fragte: Welche Nationalität hat der Mann? Da ich damals weder Portugiesisch noch Spanisch konnte, sagte sie, der spreche besser Deutsch als alles andere. Und so erhielt ich einen deutschen Ausweis »ohne Nationalität«. In Hamburg brachte man mich zu einem deutschen Missionar, der 30 Jahre lang in Amazonien gearbeitet hatte. Er beobachtete mich einige Zeit und sagte, die meiste Angst, die der Kerl hat, ist die vor Autos. Er soll doch Automechaniker lernen ... Das tat ich aber nicht lange und heuerte wieder auf einem Schiff an. Ende 1960 war ich wieder in Brasilien. Die FUNAI sagte, ich solle heimgehen und meinen Stamm zivilisieren. Die FUNAI hat mich den Amazonas bis zum Rio Negro hinaufgebracht und bei der Kaschmera de Alianza ausgeladen. Sie haben mir viele Versprechungen gemacht, aber sich nie daran gehalten und auch nie bezahlt. Denn eigentlich sollten sie unserem Stamm bei der Zivilisierung und mit Gütern helfen.

FS: Ist Herr von Däniken der Erste aus der Zivilisation, der Akahim besuchen darf?

TN: Der Bischof von Acre, Bischof Don Qunde (?, unverständlich), war als einziger Weißer dort. Er hat auch die Maschinen gesehen, und er hat einen Gürtel mitgenommen. Das Wort »Gürtel« ist vielleicht falsch, denn man kann das Ding umschnallen und sich damit unsichtbar machen. Der Hohepriester gab es dem Bischof mit dem Versprechen, dass er es in einem halben Jahr zurückbringen müsse. Aber nach einer Feier in Fejo (?) ist das Flugzeug abgestürzt. Es gab über 30 Tote. Wir haben nach dem Gürtel gesucht und wissen bis heute nicht, wo er geblieben ist. Auch unsere Priester wissen es nicht. Der Bischof von Manaus, den ich auch mal befragte, sagte, Don (?) habe vor seinem Tode viele Dinge nach Rom geschickt ...

FS: Ich glaube, Herr von Däniken hat hier allerhand zu hören bekommen. Ich werde nun dieses Tonband rasch in die Schweiz bringen. Dann können wir weiter disponieren.

TN: Ich mache das alles nur aus zwei Gründen. Um endlich der Zivilisation zu zeigen, wer die ursprünglichen Götter waren, und um meinem Volk das Überleben zu sichern. Ich werde Herrn von Däniken sogar die *lebenden Toten zeigen, und dann wird er erst mal fragen: Was nun? Was nun? Er kann die Stadt Akahim nicht Stück für Stück in seinen Helikopter verladen. Er kann damit nicht fortfahren. Es gibt weder Lastwagen noch Straßen. Er kann, außer kleinen Gegenständen, nichts mitnehmen. Wie also will er es beweisen ...*

Weshalb zitierte ich mehrere Seiten dieses Gespräches? Es ist ein Zeitdokument und beweist, wie clever Tatunca Nara operierte. Nichts, was er vorbrachte, war von Grund auf unvernünftig. Es ergab durchaus einen Sinn. Aber hätte ich nicht laut loslachen und die Arme verwerfen müssen, als von einem Gürtel die Rede war, der unsichtbar macht?

Nein, denn über einen derartigen Gegenstand spricht sogar der griechische Philosoph Platon in seinem Dialog *Der Staat*. Hier die kurze Zwischengeschichte: Eines Tages brach ein gewaltiges Unwetter aus, und Erdbeben erschütterten den Boden. Gyges, der Hirte, starrte in ein Erdloch, das sich aufgetan hatte. »Er erblickte neben wunderbaren Dingen auch eine Art Pferd, ehern und mit Fenstern versehen. Gyges schaute hinein und sah darin auch einen Leichnam, größer als nach menschlicher Weise. Dieser nun trug einen metallenen Ring, den Gyges ihm abzog und dann wieder auf die Erdoberfläche stieg ...« [4]

Der seltsame Ring war beweglich, und Gyges drehte daran. Als er zu den anderen Hirten trat, merkte er plötzlich, dass diese ihn nicht sahen. Je nachdem, in welche Position Gyges den geheimnisvollen Ring drehte, wurde er sichtbar oder unsichtbar. Doch auch in seinem unsichtbaren Zustand hörte und sah Gyges alles, was um ihn herum vorging.

Derselbe Gyges – ehemals Hirte – wurde später zum Herrscher von Lydien.

Der »unsichtbar machende Gürtel«, von dem Tatunca sprach, bedeutete für mich noch lange nicht das Ende des Denkens. Gerade wegen meiner Kenntnisse der alten Schriften halte ich vieles für möglich, was für andere unmöglich scheint. Jetzt ging es darum, eine Expedition irgendwo an den oberen Amazonas nach Akahim zu organisieren. Die Korrespondenz mit Ferdinand Schmid wuchs – die Geldüberweisungen auch. Am 15. Juli 1977 traf ich zum ersten Mal auf diesen Tatunca Nara. An unserer Begegnung nahmen auch mein Sekretär Willi Dünnenberger, Ferdinand Schmid sowie der Science-Fiction-Autor Walter Ernsting teil. Walter war bekannt unter seinem Pseudonym Clark Darlton.

Ferdinand Schmid hatte inzwischen eine Expedition mittels Helikopter organisiert. Leicht gesagt – schwer getan. Helikopter haben nur eine sehr beschränkte Reichweite. Unsere Helikopter wurden teilweise von meinem brasilianischen Verlag, der Firma *Melhoramentos* in São Paulo, finanziert. Die Flugdauer bis Akahim war ab Manaus mit rund vier Stunden berechnet worden. Ein Weg. Also mussten am Amazonas und am Rio Negro Treibstoffdepots eingerichtet werden. Zudem verlangte die Erdölfirma, die die Helikopter vermietete, dass mindestens zwei Maschinen fliegen mussten. Dies für den Fall einer technischen Panne.

All dies hatte Ferdinand Schmid organisiert und Tatunca Nara mitgeteilt. Tatunca hatte sogar versprochen, aus Akahim einen kleinen technischen Gegenstand für mich mitzubringen. Dies sollte der endgültige Beweis für jene märchenhafte außerirdische Technologie sein.

Tatunca hielt sich nie daran. Noch schlimmer: Bei unserer Begegnung am 15. Juli verbot er jetzt plötzlich die Expedition mit dem Helikopter. Und dies, obschon von unserer Seite alles organisiert und teilweise im Voraus bezahlt worden war. Das Tonbandprotokoll mit den Gesprächen vom 15. Juli hat der zuverlässige Wolfgang Siebenhaar in seinem Buch *Die Wahrheit über die Chronik von Akakor* [3] veröffentlicht. Dies geschah mit meiner Einwilligung. Deshalb zitiere

Tatunca Nara und Erich von Däniken

ich hier nur die wichtigsten Passagen. Sie mögen den Sinneswandel von Tatunca Nara belegen:

FS (= Ferdinand Schmid): Tatunca, würdest du so gut sein und nun auch dem Herrn von Däniken erklären, weshalb wir die Expedition nicht mit Helikopter durchführen können?

TN (= Tatunca Nara): Bon, Sie können bis zur Kaschmera (einem Wasserfall) fliegen. Schauen Sie, das Volk meines Schwagers besteht aus ungefähr 5000 Menschen, die in den Bergen verstreut sind. Nun, wenn Sie mit dem Helikopter kommen, würde dies nicht nur größeres Aufsehen erregen, es würde böses Blut in der Priesterschaft schaffen. Das Volk würde verrückt spielen, wenn ein Helikopter mitten in den Bergen runtergeht. Es ist ein Ding der Unmöglichkeit. Sie müssen von der Kaschmera aus mit dem Boot fahren und dann zu Fuß gehen. Das kann man in sechs Tagen machen … Sie nehmen Ihre Filmapparate und dergleichen mit. Und nehmen Sie sich bitte Zeit. Markieren Sie keine Tage und keine Wochen in Ihren Verpflichtungen.

EvD (= Erich von Däniken): Dann können wir die Expedition mal vorerst vergessen. Wir hatten geplant, jetzt zu starten mit Helikoptern. Die neue Planung bringt völlig neue Situationen. Ich schätze, dass ich in diesem Falle erneut mit zwei bis drei Monaten rechnen müsste. Und die habe ich nicht, weil wir jetzt die Zeit verplempert haben. Wir haben Gerätschaften verschiedener Art bei uns, nicht nur Kameras. All dies muss ja transportiert werden …

FS: … Tatunca sagt ja, es sei einfach …

TN: Jetzt kommen Sie mal einfach. Nehmen Sie Ihre Fotoapparate und Tonbandgeräte mit. Fahren Sie mit mir hinauf, überqueren Sie das Gebirge, sprechen Sie mit meinem Schwager und dem Priester. Sie werden die Geräte sehen und Ihren Beweis haben …

EvD: … Nein, nein! Ich habe am 18. August eine Verpflichtung beim deutschen Fernsehen.

TN: Sie haben 130 Tage Zeit, um in Akahim zu erscheinen …

EvD: Moment! Die ursprüngliche Planung bestand darin, per Helikopter zu gehen. Wir haben Sie vor einigen Monaten zu Ihrem Volk geschickt und dazu ausgerüstet. Es war vereinbart, dass Sie uns Bilder bringen sollten und einen Gegenstand. Das haben Sie nicht getan, Tatunca. Wir haben auch alles organisiert für die Helikopterexpedition. Das war nicht gerade einfach. Und jetzt kommen Sie und sagen, ich müsse per Boot und zu Fuß dort hinaufgehen. Das ist schon etwas ganz anderes …

TN: Wollen Sie sich denn da oben abschießen lassen von den Göttern? …

EvD: … von welchen Göttern soll ich mich abschießen lassen und wie denn?

TN: Sie werden es ja sehen. Aber jetzt machen Sie einen Rückzieher.

EvD: Wenn hier von einem Rückzieher die Rede ist, machen Sie einen. Unsere Expedition ist schließlich geplant und würde zum Start bereitstehen. Mit Helikoptern.

TN: Ihr Hubschrauber wird abstürzen. Da gebe ich Ihnen Garantie mit Siegeln …

EvD: … Ich sprach noch vor drei Tagen mit Forschern des Max-Planck-Institutes in Manaus. Die haben mir gesagt, sie gehen keine 50 Meter in den Urwald hinein, ohne nicht ihren Rückweg markiert zu haben.

TN: Dort ist ja auch alles unter Wasser, dort sind dauernd Sümpfe und Ameisen, die von den Bäumen fallen. Bei uns in den Bergen ist das nicht so.

EvD: Weshalb, Tatunca, sagten Sie, ich hätte 130 Tage Zeit, um da raufzukommen? Weshalb ausgerechnet 130 Tage?

TN: 130 Tage! Stellen Sie Ihre Kompromisse zum Teufel …

EvD: … Es ergibt sich eine völlig neue Ausgangslage, und das muss ich mir gründlich überlegen, bevor ich mich in dieses Abenteuer stürze. Es geht hier nicht nur darum, dass ich Ihnen in den Urwald folge. Es geht *auch um meine internationalen Verpflichtungen. Ich habe auch ein Buchprojekt, das ich meinem Verleger versprochen habe. Und dieses Manuskript muss fertig sein, bevor ich im Urwald verdufte. Auch habe ich für meine Person nicht die geringste Lust, einfach so larifari dort hinauf zu pilgern. Ich beharre immer noch darauf, dass die Expedition mit Helikoptern durchgeführt wird ... Ich sehe nicht ein, weshalb ein Helikopter Ihr Volk derart verrückt machen soll. Es ist weiß Gott einfach, auf einem Dorfplatz niederzugehen. Ein Abenteuer und ein Erlebnis für Ihre Stammesangehörigen ...*

TN: *Wie Sie wollen. Aber Sie werden zu Fuß kommen müssen.*

EvD: *Ich kann nicht einsehen, was euch am Helikopter so verwirrt. Schließlich gibt es heute auch Armeehelikopter, die da oben herumfliegen. Es gibt auch Verkehrsflugzeuge, die darüberfliegen.*

TN: *Aber sehr hoch. Im Hubschrauber kann ich Ihr Leben nicht garantieren.*

EvD: *Aber das wussten Sie ja früher schon. Herr Schmid hat Ihnen erklärt, dass wir eine Helikopterexpedition planen.*

TN: *Ich wusste aber nicht, was für Ereignisse inzwischen in Akahim eingetreten sind. Es sind die Ereignisse von den Göttern. Deshalb kann ich keine Garantie mehr übernehmen.*

EvD: *Ereignisse von den Göttern? Was für Ereignisse?*

TN: *Bleiben wir bei dem, was ich bis jetzt gesagt habe.*

Anderntags erschien Tatunca und gab eine Erklärung ab. Gemeinsam mit seinem Schwager sei er in den unterirdischen Räumen auf einen Fremden gestoßen. Dies sei auch der Grund, weshalb er zu spät nach Manaus gekommen sei. Sein Schwager habe den Fremden »der Erhabene« genannt und sehr großen Respekt vor ihm gehabt. »Der Erhabene« habe sehr viel über den gegenwärtigen Stand der Zivilisation wissen wollen, doch auch über Erich von Däniken. Es sei »der Erhabene« gewesen, der die Frist von 130 Tagen gesetzt und eine Helikopterlandung verboten habe. Er, Tatunca, werde jetzt nach Akahim reisen und einen Beweisgegenstand für Erich von Däniken zurückbringen. Damit diese Zweifel endlich ein Ende hätten.

Bis zu diesem Zeitpunkt hatte mich die ganze Tatunca-Angelegenheit rund 80 000 Schweizer Franken gekostet. Dies für die diversen Flüge Schweiz/Brasilien, für technische Ausrüstungsgegenstände von Tatuncas Boot (neuer Motor) und als Vorauszahlung für die Helikopterfirma und den Treibstofftransport. Nach dem Gespräch mit Tatunca flog ich nach Hause und ging meinen Verpflichtungen nach. Ferdinand Schmid hingegen reiste mit Tatunca in seinem Boot an die Kaschmera de Alianza. Das ist ein Wasserfall, an dem ein Haus liegt, das Tatunca mit einigen Helfern gebaut haben will. Am 23. Juli 1979 erreichte mich ein Telegramm:

»Akahim existiert. An Wasserfall gekentert. Nacktes Leben gerettet, alles verloren. Auch Foto, Filmdoc. Erholung dringend notwendig. Story folgt. Grüße Ferdy.«

Zwei Wochen später war Ferdinand Schmid in der Schweiz und berichtete, er sei mit Tatunca bis zum Wasserfall gefahren. Dieser Tatunca sei zwar von weißer Haut, bewege sich aber wie ein Indio. Er fange Fische mit den Händen, erwürge kleinere Krokodile und hacke ihnen mit der Machete den Schwanz ab. Er kenne jede Pflanze und jedes noch so kleine Ungeziefer. Auch wisse Tatunca genau, was essbar und was ungenießbar oder giftig sei. Ab dem Wasserfall habe Tatunca sich geweigert, ihn, Ferdinand Schmid, weiterzuführen. Dazu müsse man wissen, dass Tatunca auf dem Rio Padauari ein kleines Boot bereitgehalten habe. Dann sei ein kaum vorstellbarer Regen losgebrochen. Er, Ferdinand, sei gekentert und ins Wasser gestürzt, er habe um sein Leben gekämpft und die ganze Ausrüstung verloren.

»Aber Ferdi, du hast mir telegrafiert, Akahim existiere. Wie kommst du dazu?«

»Bevor die Wasserfluten losbrachen, sah ich in der Ferne, etwa dort, wo Akahim sein sollte, eine Pyramide. Nicht aus Stein, sondern eine mit Büschen überwachsene Pyramide. Definitiv gleichschenklig und keine natürliche Erhebung. Ich habe sie mehrmals fotografiert und bin absolut sicher, es ist eine künstliche Pyramide.«

Ich ließ Ferdinand wissen, dass ich diesem Tatunca nicht traue. Irgendetwas an seiner Ausstrahlung störte mich. Ich müsste mir das

Belogen – betrogen – missbraucht | 93

weitere Vorgehen gründlich überlegen. Tatunca hatte versprochen, mir einen Gegenstand jener außerirdischen Intelligenz zu schenken. Direkt aus Akahim. Die Jahre vergingen, der Gegenstand kam nie. Dann wurde ich zur Kriminalpolizei in Aarau (Schweiz) gebeten und über Tatunca ausgefragt. Später bat mich auch das Bundeskriminalamt in Wiesbaden um Auskunft über Tatunca. Man machte mir klar, dass er vermutlich ein mehrfacher Mörder ist. Hier die Fälle:

Im November 1980 traf der 20-jährige John Reed aus Kalifornien auf Tatunca Nara. John Reed war ein draufgängerischer Abenteurer. Er vertraute dem »weißen Indio«, der ihn zu den Hinterlassenschaften von Außerirdischen führen wollte. Zwei Wochen später kehrte Tatunca alleine zurück. Nach dem Verbleib von John Reed gefragt, antwortete er, John habe Indiofrauen beim Baden belästigt und sei deshalb mit einem Pfeil erschossen worden.

Am 13. November 1983 verließ der 22-jährige Forstwart Herbert Wanner sein Elternhaus in Zofingen (Schweiz). In seinem Gepäck eine Jagdflinte und einige Hundert Schuss »Brennecke«-Flintenmunition. Den Eltern sagte Herbert Wanner, er würde bei seinem Freund Tatunca Nara Wohnsitz nehmen. Diesen Tatunca kannte der junge Wanner von einer früheren Reise. Am 10. Dezember 1983 erhielten die Eltern einen Brief ihres Sohnes. Er bestätigte seine Ankunft bei Tatunca. Dies war sein letztes Lebenszeichen. Am 6. Juni 1984 erreichte ein in deutscher Sprache abgefasster Brief die besorgten Eltern von Herbert Wanner. Absender: Tatunca Nara. Der teilte den Eltern mit, ihr Sohn habe ihn bereits im Februar verlassen. Er wolle über den Amazonas Richtung Venezuela. Das glaubten die Wanners nicht. Ihr Sohn hätte sich niemals alleine auf ein derartiges Unterfangen eingelassen. Zudem habe er vorher geschrieben. Doch der Mensch denkt – Gott lenkt. Tatuncas Lügenmär wurde entlarvt:

Am 7. Juli 1984 flog eine Schweizer Reisegesellschaft nach Brasilien. Es ging um eine Abenteuerreise (Trekking) an den oberen Amazonas. Mit dabei der Schweizer Zahnarzt Dr. Hans Kunz und seine junge Gattin. Von Barcelos aus unternahm die kleine Gruppe eine Flussfahrt auf dem Rio Aracá. Da hörten sie von Indios, die an Bord arbeiteten, nur 800 Meter weiter oben liege ein menschliches Skelett. Dr. Kunz ließ sich die Stelle zeigen und fand die Knochen. Im Hinterkopf ein Einschussloch. Der Zahnarzt Dr. Kunz steckte den vollständig erhaltenen Unterkiefer und Fragmente des Oberkiefers in seine Reisetasche. Ein anderer Trekking-Teilnehmer fand an der Fundstelle ein Projektil, das später als »Brennecke«-Geschoss identifiziert wurde. Und nur einige Meter vom Skelett entfernt stieß Dr. Kunz auf eine Mütze. Im Innensaum die Beschriftung: *S. A. Fabrica di Capelli Bellinzona* (Hutfabrik Bellinzona AG). Wieder daheim, übergab Dr. Kunz seinen makabren Fund der Stadtpolizei in Zürich. Mitsamt dem Projektil und der Mütze. Schließlich war Bellinzona eine Stadt im Schweizer Kanton Tessin, und deshalb konnte es sich bei dem Toten um einen Schweizer handeln. Nach mehrmonatigen, kriminalwissenschaftlichen Recherchen lagen die Antworten vor: Das Skelett gehörte eindeutig zu Herbert Wanner. Sein Mörder hatte den jungen Schweizer Burschen mit seiner eigenen Munition von hinten abgeknallt.

Der dritte Mordfall betrifft eine persönliche Bekannte von mir: Frau Christine Heuser. Eine Bürgerin mit deutsch-schwedischer Doppelstaatsbürgerschaft. Sie war Teilnehmerin an einer Gruppenreise nach Ägypten gewesen, die ich geleitet hatte. Bei Gruppenreisen wird am Abend in der Bar oft viel getratscht, und Christine hörte in unserer Gesellschaft zum ersten Mal etwas von Tatunca Nara. Wieder daheim, besorgte sie sich *Die Chronik von Akakor* von Karl Brugger. Das Buch faszinierte sie. Frau Heuser war eine liebenswerte und humorvolle Dame. Beruflich leitete sie eine Yoga-Schule, und sie glaubte felsenfest daran, in einem früheren Leben am Amazonas gelebt zu haben. Jetzt packte sie die fixe Idee, nach Manaus zu fliegen und wenn möglich diesen Tatunca Nara zu besuchen. Wir beschworen sie, diesen absurden Gedanken zu vergessen. Es half nichts. Christine beteuerte immer wieder, sie sei selbstständig und erwachsen. Zudem sei sie Yoga-Lehrerin und habe früher Jiu-Jitsu betrieben. Das ist ein japanischer Kampfsport. So flog Christine im Sommer 1987 nach Manaus – und kam nie zurück. Spätere Erkundigungen ergaben, dass Christine Heuser Tatunca tatsächlich getroffen hatte. Ferdinand Schmid gegenüber sagte Tatunca, er sei mit ihr zur Kaschmera gefahren. Doch Christine Heuser habe mit ihm Sex gewollt. Da habe er verlangt, dass sie nach Manaus zurückkehre. Dort kam sie nie an.

Beim vierten, höchst mysteriösen Fall geht es um die Brasilianerin Felicitas Barreto. Mit ihr korrespondierte ich seit 1970, persönlich getroffen hatten wir uns im Herbst 1971 in der Stadt Teresina (Brasilien).

Felicitas Barreto und Erich von Däniken

Felicitas Barreto war eine Ethnologin ohne akademischen Titel. Zu ihren Forschungen gehörten mehrere brasilianische Stämme, wie die Kuna, Chocó, Guaymies und die Tiryó-Indianer. Ihr Schicksal verdankte sie einem Zufall. Als Krankenschwester saß die junge Felicitas in einem kleinen Flugzeug, das bei den Taulipang-Indios notlanden musste. Beim Herausspringen aus dem Flieger brach sie sich den Fußknöchel. Der Medizinmann des Stammes heilte die Verletzung, und Felicitas lebte gleich sieben volle Jahre bei den Taulipang. Nach der Rückkehr nach Rio de Janeiro schickte sie die FUNAI zur Ilha do Bananal, um den dortigen Indios medizinisch zu helfen.

Als wir uns am 12. Oktober 1971 in Teresina trafen, war ihr Gepäck voll von Notizen, Knochen und Schädeln, die sie in einer Höhle im Tumucumaque-Gebirge gefunden hatte. Die Wände jener Höhle – so Felicitas – seien mit unerklärlichen Zeichen übersät. Über ihre Forschungen verfasste sie ein Manuskript mit dem Titel *Requiem für die Indianer*. Es liegt heute noch in meinem Archiv. [5] Einen Verleger konnten wir nicht finden.

Die Korrespondenz mit Felicitas war recht umfangreich. Ich informierte sie auch über unsere Verbindungen mit Tatunca Nara und über die geplante Expedition nach Akahim. Sie ließ mich wissen, dass sie dieser Sache nun ernsthaft nachgehen wolle. Felicitas Barreto sprach mehrere Indianerdialekte. Der Urwald war ihre zweite Heimat. Bei ihr plagten mich keine Bedenken, ob sie mit den Indios und der Natur klarkomme. Ihr letzter Brief erreichte mich am 29. September 1985. Von mehreren Schreiben, die ich ihr anschließend schickte, kam eines mit dem Vermerk zurück: unbekannt. Hatte auch sie Tatuncas Geheimnis durchkreuzt?

Und schließlich Karl Brugger. Abgeknallt mit mehreren Schüssen. Morde ereignen sich in Rio tagtäglich, doch geht es immer um Raub. Dem Killer von Karl Brugger war die Barschaft seines Opfers egal. Er griff in keine Tasche.

Wer ist nun eigentlich dieser Tatunca Nara? Das Bundeskriminalamt Wiesbaden klärte mich auf:

Günther Hauck alias Tatunca Nara wurde am 5. Oktober 1941 in Grub am Forst (BRD) als Sohn eines Porzellanmalers geboren. Einige Monate nach der Geburt fiel der Vater im Krieg in Stalingrad, und die Mutter verstarb im Jahre 1955 an einem Krebsleiden. Hauck kam gemeinsam mit seinen beiden älteren Schwestern in ein Waisenhaus. Nach Abschluss der Volksschule begann er eine Lehre als Maurer, die er aber abbrach. Am 10. Januar 1966 verschwand Hauck aus Deutschland. Es stellte sich heraus, dass er sich auf einem Schiff, das Richtung Südamerika fuhr, als Hilfsmaschinist anheuern ließ.

Am 4. Juni 1966 wurde Hauck auf Veranlassung des Kapitäns der *Dorthe Oldendorff* von der Polizei in La Guaira (Venezuela) in Gewahrsam genommen. Wegen geistiger Auffälligkeiten landete er in einer psychiatrischen Klinik. Der Gutachter Dr. Nikolai Jerums in Caracas (Venezuela) gelangte zu der Diagnose, Hauck leide an ›schizoider Psychopathie‹. Einer Persönlichkeitsspaltung. Bereits damals behauptete Hauck, ein Indio zu sein, dessen Stamm am oberen Amazonas lebe. Hauck floh aus der Psychiatrie und wurde Mitte 1967 erneut in Venezuela aufgegriffen. Am 27. November 1967 wurde er in Begleitung eines Vertrauensarztes der deutschen Botschaft übergeben und in die Bundesrepublik geschafft.

Am 15. Februar 1968 heuerte er bei einer Hamburger Reederei an und fuhr mit der *Luise Bornhofen* nach Rio de Janeiro. Am 12. Dezember 1968 verließ er das Schiff ohne Erlaubnis und ohne sich abzumelden. Er tauchte in Brasilien auf und betätigte sich als Führer von Reisegruppen und Forschern. Nachdem er einige brasilianische Fliegeroffiziere aus der Gewalt von Indios befreit hatte, erhielt er einen brasilianischen Pass auf den Namen Tatunca Nara, der ihn auch als Indio auswies. Seit 1972 lebt Tatunca Nara alias Günther Hauck mit Frau Anita Katz zusammen. Frau Katz ist Brasilianerin, stammt aber von deutschstämmigen Juden ab. Anita Katz studierte Medizin sowie Jura und arbeitete teilweise als Ärztin in Barcelos. Nebenamtlich ist sie auch als Staatsanwältin tätig.

Ich tippe diese Zeilen im April 2015. Günther Hauck alias Tatunca Nara müsste inzwischen 74 Jahre alt sein. In Barcelos, der kleinen Stadt am Rio Negro, lebt ein Sohn von ihm. Sein Name: Seder Helio. Er spricht kein Deutsch mehr. Dem deutschen Nachrichtenmagazin *Der Spiegel* sagte er: »Mein Vater mag eine Menge Mist erzählt haben. Aber er ist mein Vater. Nichts von den Mordvorwürfen ist je bewiesen worden.« [6] Weshalb wurde Tatunca nie verhaftet? Das Bundeskriminalamt in Wiesbaden musste das Verfahren einstellen, weil man einem echten oder falschen Indio irgendwo weit oben am Ende der Welt keinen Prozess machen kann. Tatunca ist schließlich rechtmäßiger Inhaber eines brasilianischen Passes. Und seine Frau auch als Staatsanwältin tätig. Mit dem mühsamen Papierkram der Behörden am oberen Amazonas dürfte sie entsprechend vertraut sein.

Und Ferdinand Schmid? Er kam in die Schweiz zurück, lebte in seiner Wohnung in Gossau, Kanton St. Gallen. Je älter er wurde, desto mehr glaubte er, »mentaltelepathische Botschaften aus den himmlischen Sphären« zu erhalten. Abschriften davon landeten regelmäßig auf meinem Schreibtisch. Bis zu seinem Lebensende war Ferdinand Schmid von der Existenz von Akahim überzeugt. »Tatunca mag ja das Blaue vom Himmel gelogen haben«, meinte er, »aber ich sah und fotografierte die Pyramide auf der Höhe von Akahim. Das kann mir keiner nehmen.«

Eine geheimnisvolle Stadt mit unterirdischen Räumen, mit Schätzen und Schriften einer fremden Kultur existiert auch in Ecuador. Wer weiß denn schon, vielleicht ist das Akahim von Tatunca Nara identisch mit dem Standort der »Metallbibliothek« von Ecuador. Auch diese unterirdische Anlage ist mit (mindestens) einem Mord verbunden. Abgeknallt wurde Senhor Petronio Jaramillo Abacra. (Ausführlicher Bericht darüber in *Falsch informiert!* [7].) Petronio ist der einzige Augenzeuge, der die unterirdischen Anlagen persönlich besichtigte. Wir kannten uns. Er berichtete, zwei Kollegen und er hätten durch einen Fluss tauchen müssen und seien in einer Höhle wieder herausgekommen. Dort unten, in verschiedenen Räumen, habe er »Tausende von Tierfiguren, von Chimären, von kristallähnlichen Säulen in verschiedenen Farben und schließlich eine Metallbibliothek mit Abertausenden von Seiten« gesehen. [8] Jede Metallfolie sei etwa 40 mal 20 Zentimeter groß. Und es gab ein diffuses, künstliches Licht, dessen Quelle sich nicht eruieren ließ. Petronio Jaramillo, der mich in der Schweiz besuchen wollte, wurde am 18. Mai 1998 vor seinem Haus in Esmeraldas, Ecuador, erschossen. Einfach so. Wie bei Karl Brugger ging es nicht um einen Raubmord.

Und wo soll dieser Schatz einer unbekannten, womöglich gar außerirdischen Kultur liegen? Exakt auf 77° 47' 34" West und 1° 56' 00" Süd. Mehrere Teams versuchten, diesen geografischen Punkt zu erreichen, die einzigartigen Schätze endlich zu filmen. Der Schotte Stanley Hall scheiterte an der Witterung und der falschen Ausrüstung [9], der ecuadorianische Journalist Alex Chiontti wegen der Shuar, eines dort ansässigen Indiostamms, die keine Fremden in den heiligen Stätten dulden. [10] Sind diese Shuar vielleicht identisch mit Tatuncas Mongulalas?

Festzustellen bleibt: Die bisherigen Bemühungen, an die technologische Hinterlassenschaft einer außerirdischen Intelligenz zu gelangen, waren erfolglos. Keinerlei außerirdische Technologie befindet sich in meinem Tresor. Nun ist der Gedanke, ein Stück Technik von einem fremden Sonnensystem auf unserer guten alten Erde zu finden, gar nicht derart absurd, wie es auf Anhieb scheint. Die Bundeslade der *Bibel* kann außerirdische Technologie sein. Dies wird zumindest in der *Bibel* und im äthiopischen *Buch der Könige* behauptet. [11] Und bei dem interreligiösen Treffen vom 19. Juni 2009 bestätigte das Oberhaupt der äthiopischen orthodoxen Kirche, der Patriarch Abune Paulos, in Rom: »Ja. Die Bundeslade befindet sich in Aksum. Ich habe sie gesehen. Sie stammt nicht von Menschenhand.« [12]

Ein anderer Augenzeuge für das Unmögliche war der belgische Padre Le Paige. Er lebte jahrzehntelang in Chile. Der Padre war nicht nur als Geistlicher, sondern auch als Archäologe tätig. Mitte April 1975 meldete der Journalist Juan Abarzua:

Padre Le Paige

Der belgische Geistliche Gustavo Le Paige ist davon überzeugt, dass menschenähnliche Lebewesen von anderen Planeten auf unserer Erde begraben worden sind. Seit 20 Jahren betreibt Padre Le Paige Forschungsarbeit in Archäologie. Der 72-jährige Missionspater hat 5424 Grabstellen freigelegt ... »Einige der Mumien hatten Gesichtsformen, wie wir sie auf der Erde nicht kennen.« Der Padre meinte auch, man würde ihm nicht glauben, wenn er erzählen würde, was er sonst noch in den Gräbern gefunden habe. [13]

Die Schweizer Botschaft in Santiago de Chile hatte ein Treffen mit mir und dem Padre arrangiert. Padre Le Paige kannte einige meiner Bücher. Wir sollten am 28. Mai 1980 in Santiago zusammenkommen. Nur Tage vor dem für mich sehr wichtigen Gespräch verstarb der Geistliche. In seinem Umfeld herrschte eisiges Schweigen.

Es ist manchmal wirklich wie verhext. Am 28. Mai 1978 schrieb mir ein Reverend C. Scarborough aus Kapstadt, er habe viele Jahre auf Kiribati, einer Inselgruppe im Pazifik, gelebt und dort auch die Sprache der Eingeborenen gesprochen:

Das Erste, was mich stutzig machte, war die Tatsache, dass die Insulaner zwei Worte für »Mensch« verwenden. Sich selbst nennen sie »Aomata«, das ist der Mensch dieser Erde. Menschen mit anderer Hautfarbe als ihrer eigenen nennen sie »Te I-Matang« – wörtlich übersetzt »Mensch vom Land der Götter«.

In der weiteren Korrespondenz erfuhr ich, auf einer der Inseln von Kiribati würde es Gräber von Riesen geben. Außerirdische?, fragte Reverend Scarborough. Er würde mir dringend einen Besuch von Kiribati empfehlen. Sein Nachfolger dort sei Pastor Kamoriki, und der würde mir sehr gerne weiterhelfen.

Zwei Tage vor meiner Landung auf Kiribati verstarb Pastor Kamoriki. Verhext? (Die Story dazu in Quelle Nummer [14])

Es müssen nicht gerade Mord oder natürlicher Tod sein, um in Südamerika an heikle Informationen zu gelangen. Oft sind die Wege krumm. So überreichte mir im Herbst 1978 ein älterer Herr zwei Luftaufnahmen. Dies im Foyer des Hotels in Chicago, in dem die 5. Weltkonferenz der AAS stattfand. Der Fremde fragte, ob ich wisse, was die Luftaufnahmen zeigten. Er habe sie aus einem alten Magazin der *National Geographic Society* herausgeschnitten. Ich blickte auf die mit einem Weitwinkelobjektiv geschossenen Schwarz-Weiß-Bilder. Sie zeigten das Panorama einer hügeligen, von Furchen durchzogenen Landschaft. Vermutlich irgendwo im Vorgebirge, weil der Boden Narben von geröllreichen Gebirgsbächen trug. Auf dem Bild war keine Vegetation erkennbar. Kein Baum, kein Strauch. Dafür eine seltsame, schwarze Spur, die sich einen Hügel hinunterzog.

»Kennen Sie das? Wissen Sie, wo das ist?«, erkundigte sich der Fremde.

»Nie gesehen!«

Mein Gesprächspartner schob ein zweites Foto in meine Hände – eine Vergrößerung der dunklen Spur. Dieselbe kuriose Linie über den Hügeln, nur diesmal erkannte ich Löcher im Gelände, als ob sie von einer übermächtigen Walze in den Boden gestanzt worden wären. Ich nahm die übliche Breite von Bergbächen als Anhalt und schätzte das irritierende Band auf eine Breite von etwa 15 Metern. Jetzt begannen mich die alten Schwarz-Weiß-Bilder zu elektrisieren.

»Haben Sie eine Ahnung, wo das sein könnte?«, fragte ich den gepflegten Herrn.

Etwas Genaues wisse er nicht, antwortete der Fremde, doch *National Geographic* habe die Bilder im Zusammenhang mit Peru gezeigt, aber keine Ortsbezeichnung geliefert.

Daheim durchwühlte ich einige Peru-Bücher in der Hoffnung, den Bildern zu begegnen. Doch sie tauchten nirgendwo auf. Eine Anfrage

Alte Aufnahme des »Lochstreifenbandes« aus *National Geographic*

bei *National Geographic* in Washington half nicht weiter. Die Aufnahmen seien Jahrzehnte alt und der Fotograf längst verstorben. Also suchte ich weiter und fand in Büchern über Peru Bilder der großen Inka-Mauer. Die schlängelt sich vom Küstenland bei Paramonga hinauf ins peruanische Gebirge. Sie ist 60 Kilometer lang. Doch was ich suchte, war nicht diese Inka-Mauer. Schließlich verschickte ich Briefe an meine peruanischen Bekannten, stets mit Fotokopien der beiden Schwarz-Weiß-Bilder aus dem alten *National-Geographic*-Magazin. Endlich, ich wollte schon resignieren, antwortete mir der Luftwaffenoberst Omar Chioino Carranza. Ich kannte ihn recht gut. Er war die treibende Kraft für den Bau eines Luftfahrtmuseums in Lima gewesen. Der Oberst schrieb, er habe meine Bilder im Kreise seiner Fliegerkameraden zirkulieren lassen, und die löchrige Spur liege an den Andenausläufern nordöstlich der Stadt Trujillo.

Am 15. August 1980 trafen wir uns in der Hotelhalle des *Sheraton* in Lima. Wir setzten uns an ein Marmortischchen und bestellten den landesüblichen Pisco Sour (ein Mischgetränk aus Pisco, Zitrone, Zucker, Eiweiß und einem Spritzer Angostura).

»Ich habe alles vorbereitet«, sagte der Oberst nach dem Austausch privater Informationen. »Morgen früh um sechs Uhr steht der Landrover bereit. Wenn alles gut geht, kannst du in vier Tagen zurück sein. Mein Freund Frederico Falconi, ein Archäologe, begleitet dich. Er kennt *la Murella* sehr genau …«

»… *la Murella* heißt doch Mauer, nicht wahr?« Mir dämmerte der Irrtum. Ich ahnte den kleinen, großen Unterschied.

»Selbstverständlich!«, sagte Oberst Chioini. »Die willst du doch sehen?«

An Kummer gewöhnt, traf mich das Missverständnis zwar, aber es warf mich nicht um. Zum x-ten Mal kramte ich aus meiner Umhängetasche die alten *National-Geographic*-Bilder.

»Amigo, *das* möchte ich sehen! Die Mauer ist unwichtig.«

Eine Sekunde zwirbelte der Oberst den Schnurrbart, bat um Vergebung für den Irrtum, stand auf und schritt zur Telefonkabine neben der Rezeption. Kurz darauf kam er mit der Botschaft zurück, den Landrover samt Archäologen habe er abbestellt, aber den Architekten Carlos Milla erreicht. Carlos kenne jede archäologische Kuriosität im Lande, auch die inoffiziellen. Er sei ein Grabräuber und Hehler. Gott möge ihn schützen.

Eine Woche später traf ich Carlos Milla. Wiederum im Hotel *Sheraton* in Lima. Milla war ein höflicher Mensch, er sprach nur, wenn er angesprochen wurde. Seine rauen Hände signalisierten, dass er zupacken konnte.

»Sie wissen, was ich suche«, stieg ich ohne Schnörkel ins Gespräch ein. »Bitte zeigen Sie mir auf der Karte, wo ich dieses kuriose Band mit den Löchern im Gelände finde.«

»Si, si, Senhor. Ich weiß auf den Meter genau, wo es liegt. Ich kann es Ihnen auf der Karte einzeichnen.«

»Bitte tun Sie es!«, ermunterte ich ihn.

Der Grabräuber schloss die Augen, öffnete sie und schickte einen hilfesuchenden Blick zu Oberst Chioini hinüber, der ebenfalls dabei war und mit seinen Fingern nervös auf die Tischplatte trommelte. Zu mir gewandt sagte er leise auf Englisch: »I believe he wants money!«

Längst bin ich daran gewöhnt, in allen Entwicklungsländern Bares hinblättern zu müssen. Nur Bares ist Wahres. Ich schob einen 100-Dollar-Schein neben sein Pisco-Sour-Glas. »Bitte, wo ist es?«

Carlos Milla übersah den Schein. Er wollte mehr. Um an die Informationen zu gelangen, habe er selbst Auslagen gehabt, sagte er. Zudem werde er mich begleiten. Ich erklärte ihm, eine Begleitung sei unnötig, ich hätte Freunde im Land. Für 600 Dollar wurden wir handelseinig.

»Ihr durchlöchertes Band zieht sich viel weiter über Berge und Täler, als es die alten *National-Geographic*-Aufnahmen zeigen. Die für Sie günstigste Stelle liegt zwei Kilometer hinter dem Dorf Humay im Pisco-Tal. Fahren Sie bis zur Hacienda *Montesierpe*. Im ansteigenden Gelände hinter der Hacienda liegt ein etwa 300 Meter breiter Streifen Kulturland. Gleich oberhalb davon finden Sie Ihr seltsames Lochstreifenband.«

Die Information stimmte. Prof. Dr. Janvier Cabrera begleitete mich auf der ersten Reise. Er lebte in der peruanischen Stadt Ica, unweit des Pisco-Tales. Aus nächster Nähe entpuppten sich die Löcher als kleine, runde Mäuerchen, immer insgesamt acht in einer Reihe. Über die ursprüngliche Bedeutung ist bis heute nichts bekannt. (Mehr darüber auf Seite 170 in Quelle Nummer [15]) Dank meiner Bücher besuchen inzwischen viele Touristengruppen das Lochstreifenband. Ach ja, und von Professor Cabrera erfuhr ich auch, wie die Einheimischen die seltsamen Löcher seit Jahrhunderten nennen: *La Avenida misteriosa de las picaduras de viruelas* – die rätselhafte Straße der Pockennarben.

Nahaufnahmen des »Lochstreifenbandes« im Pisco-Tal, Peru

Einmal ist es mir sogar gelungen, einen echten General der kolumbianischen Luftwaffe zu bestechen. Nicht mit Geld, sondern mit einem speziellen Geschenk, und das kam so:

Am 1. Februar 1981 druckte das deutsche Nachrichtenmagazin *Der Spiegel* einen Artikel:»Indio-Kultur im Dschungel«. [16] Darin erfuhr ich, im kolumbianischen Dschungel seien geheimnisvolle Städte einer Kultur entdeckt worden, deren Erbauer spezielle Beziehungen zum Weltall gehabt hätten. Dies sei die Meinung des Chefausgräbers, eines Professors der Archäologie namens Soto Holguín. Seine Hochschule war die *Universidad de los Andes* in Bogotá. Das Grabungsgebiet sei vom Militär abgeriegelt. Also schrieb ich diesem Professor und bat um nähere Informationen. Alle meine Briefe blieben unbeantwortet. Vielleicht hatte der Mann etwas gegen mich. Schließlich bat ich den Rechtsanwalt Dr. Miguel Forerro um Hilfe. Mit Forerro pflegte ich seit Längerem einen Briefwechsel.

Forerro reagierte prompt. Ich müsste nach Bogotá kommen, schrieb er. In Kolumbien gelten nur persönliche Begegnungen. Tatsächlich schaffte Forerro es, mich mit Professor Dr. Soto Holguín zusammenzubringen. Wir begegneten uns mehrmals an seiner Uni. Professor Holguín ist ein liebenswürdiger Gelehrter, der sich meinen Fragen ausführlich stellte und sogar gestand, drei meiner Bücher gelesen zu haben.

»Die Stadt im Dschungel heißt Buritaca 200. Wir nennen sie auch *La cuidad perdida* = Die verlorene Stadt. Sie liegt in der Sierra Nevada von Santa Marta und dehnt sich zwischen 11° 02' nördlich und 73° 55' westlich von Greenwich aus.«

Ich erfuhr, das Gebiet sei riesig. Allein die »verlorene Stadt« sei zehnmal größer als die bekannte Inka-Festung Machu Picchu in Peru.

»Und wie kommt man hin?«, wollte ich wissen.

»Nur mittels Esel oder Pferd, und die Reise dauert fünf Tage, oder per Helikopter. Doch können Sie nirgendwo einen Helikopter mieten. Die Berge um die karibische Stadt von Santa Marta werden von den Drogenbaronen beherrscht. Dort wird ›Santa-Marta-Gold‹ produziert, die beste Marihuana-Qualität in ganz Südamerika. Deshalb ist das Militär präsent – doch die arbeiten genauso mit den Drogenbossen zusammen.«

Schöne Aussichten, dachte ich – und wollte erst recht hin. Dank Dr. Forerros Beziehungen kam es zu einem Vortrag im Offiziersklub der FAC = *Fuerza Aerea Columbiano*. Die Piloten hörten mir interessiert zu und stellten viele geistreiche Fragen. Beim anschließenden Abendessen fragte ich in die Runde: »Meine Herren, wie komme ich nach Buritaca 200, die verlorene Stadt?«

Die Offiziere blickten mir ziemlich verständnislos entgegen.

»Wohin wollen Sie?«, vergewisserte sich ein junger Hauptmann.

Deutlich empfand ich, dass Buritaca 200 den Fliegern nicht viel mehr als ein böhmisches Dorf bedeutete. Zwar hatten sie schon von der verlorenen Stadt gehört, doch niemand wusste, wo sie lag. Durch Professor Holguín gut informiert, konnte der kleine Schweizer den staunenden Kolumbianern die exakte geografische Position des Zielortes angeben. Beim obligaten, rabenschwarzen Kaffee fragte mich der Luftwaffengeneral Paredes Diago, was das für eine seltsame Tabakpfeife sei, an der ich immer wieder nuckelte. Er sei, so bemerkte er, leidenschaftlicher Pfeifensammler. Doch mein Exemplar sei ihm noch nie begegnet.

Die Pfeife, die ich damals rauchte, besaß nicht den abgebogenen, klassischen Pfeifenkopf. Der Tabak lag in einem kleinen, mit Miniatur-

Die Pfeife, mit der ich den Luftwaffengeneral bestach

gitter verschlossenen Behälter direkt in der Verlängerung des Mundstückes. Das lästige, dauernde Nachstopfen während des Rauchens entfiel, denn der glühende Tabak wurde durch einen sanften Druck nach hinten mühelos in den Behälter gepresst.

General Paredes Diago, der fünf goldene Sterne auf den Schulterklappen trug, hielt meine Pfeife in der Hand, begutachtete sie von allen Seiten.

»Was kostet sie?«, wollte er wissen.

»Unverkäuflich!«, erwiderte ich. »Aber ich schenke Ihnen ein neues Exemplar gegen einen Helikopterflug nach Buritaca 200.«

Einen Moment sah mich der General nachdenklich an. Dann erkundigte er sich bei seinem Adjutanten, welche Einheit in Santa Marta liege und ob das Bataillon über Helikopter verfüge. Eine Stunde später hielt ich einen schriftlichen Generalsbefehl in den Händen:

FUERZA AEREA COLUMBIANA. Senhor Teniente Coronel. Hector Lopez Ramirez Commandante Batallon de Infantria No 5 Cordova Santa Marta.

El Senhor Erich von Däniken esats autorizado por este Commando para efectuar un vuelo en Helicotero Hughes que se encuentra en esa Unidad, de la cuidad Santa Marta a la cuidan perdida.

Cordial saluto, General Raul Alberto Paredes Diago, Commandante Fuerza Aerea.

(An den befehlshabenden Obersten Hector Lopez Ramirez, Kommandant des Infanteriebataillons Nummer 5 in Cordova Santa Marta. Herr Erich von Däniken ist durch dieses Kommando autorisiert, einen Flug mit dem Helikopter *Hughes,* der sich in Ihrer Einheit befindet, von Santa Marta nach der verlorenen Stadt durchzuführen.)

Ich erreichte die verlorene Stadt im Dschungel und konnte als erster Reporter einen ausführlichen Bildbericht darüber veröffentlichen. Nachzulesen in *Unmögliche Wahrheiten* [17] ab Seite 157.

Ohne die Unterstützung von wunderbaren und großzügigen Menschen hätte ich so manches Ziel nie erreicht, hätte nie über die »verlorene Stadt« in Kolumbien, nie über das »Lochstreifenband« in Peru und nie über die Schätze von Pater Carlos Crespi in Ecuador berichten

Anflug auf die »verlorene Stadt« im Dschungel von Kolumbien

können. Carlos Crespi? Wer soll das sein und welche Rolle spielte er in Bezug auf die Frühgeschichte des Menschen?

Meinen ersten Besuch bei Pater Carlos Crespi verdankte ich dem Höhlenforscher und Prospektor Juan Moricz. Demselben Juan Moricz, der die Geschichte einer unterirdischen Metallbibliothek in die Welt gesetzt hatte. Juan brachte mich Ende März 1972 in die ecuadorianische Stadt Cuenca und dort schnurstracks in die katholische Kirche *Maria Auxiliadore*. Auf Deutsch etwa »Kirche der hilfreichen Mutter Gottes«. Carlos Crespi und Juan Moricz umarmten sich als alte Freunde. Anschließend geschah dasselbe mit mir. Pater Carlos Crespi, so erfuhr ich, war ursprünglich Salesianer-Priester gewesen, bevor ihn sein Orden nach Cuenca berief. Der Ort liegt rund 2500 Meter hoch in den ecuadorianischen Anden. Crespi betreute die katholische Gemeinde von Cuenca über 60 Jahre, und er genoss den Ruf eines zuverlässigen Freundes der Indios. Schon zu Lebzeiten betrachteten ihn die Eingeborenen als einen Heiligen. Inzwischen ist er verstorben, doch die Bevölkerung errichtete ihm ein Denkmal, das bis heute, Tag für Tag, mit frischen Blumen geschmückt wird. Was war so besonders an diesem Geistlichen? Er hörte den Indios zu, stundenlang, tagelang. Er gewann ihr Vertrauen und half ihnen in allen nur denkbaren Lebenslagen, oft auch gegen die ecuadorianische Staatsgewalt.

Die Indios revanchierten sich und schenkten dem gutmütigen, nicht gerade nach Parfum riechenden Priester Kunstwerke, die ihre Familien jahrhundertelang vor den Weißen versteckt gehalten hatten. Pater Crespi stellte diese Kunstwerke zuerst an die Wände seines Innenhofes, und als es mehr wurden, stapelte er sie in einem Schuppen hinter der Kirche. Doch der Nachschub blieb ungebrochen, und Pater Crespi eröffnete zwei weitere Räume, in denen teils kreuz und quer die erstaunlichsten Dinge lagen und standen, die ich je zu Gesicht bekam.

Bei meinem ersten Besuch im März 1972 – ich war später noch zweimal bei Pater Crespi – beharrte er darauf, die Gegenstände selbst in den Händen zu behalten. Immerhin durfte ich sie fotografieren. Alles, was irgendwie golden leuchtete, war für den Geistlichen pures Gold. »Komm, Erich komm!«, rief er ständig und zerrte mich zur nächsten Überraschung. »Es oro! Oro puro!« (»Es ist Gold, reines Gold«), bekräftigte er immer wieder und hielt mir die nächste Kostbarkeit unter die Nase. Da der Pater die Gegenstände nicht aus den Händen geben wollte, konnte ich ihr Gewicht nie abschätzen. So schrieb ich denn später über »Messing, Kupfer, Zink, Blech, Stein und Holzarbeiten … und in all die-

Padre Carlos Crespi in Cuenca, Ecuador

sem Wirrwarr echtes Gold, Goldblech, Silber und Silberblech«. [18] Heute, um Jahre klüger, weiß ich, dass das Gewicht und die Farbe nichts über den Goldanteil eines Gegenstandes aussagen müssen. Wie das? Frau Prof. Dr. Heather Lechtman, Leiterin des *Center for Materials Research in Archaeology and Ethnology* am Massachusetts Institute of Technology, hatte mir ihren Forschungsbericht geschickt. Daraus zitiere ich: »In unserem Labor analysierten wir kleine Proben von Fundstücken. Dabei stellte sich heraus, dass der Überzug vielfach nur um 0,5 bis zwei Mikrometer dünn und selbst in mikroskopischen Aufnahmen mit bis zu 500-facher Vergrößerung kaum wahrzunehmen war … Die Herrscher des Inka-Reiches nutzten Gegenstände, die wie aus purem Gold oder Silber aussahen. Ihre Methoden der Oberflächenveredlung, mit denen die Bewohner Amerikas in vorkolumbianischen Zeiten unedlen Metallkörpern das Aussehen von Edelmetall verliehen, sind unerreicht.« [19]

Auch Prof. Dr. Gebhardt, 1972 Direktor des Max-Planck-Institutes für Metallforschung in Stuttgart, der sich jahrzehntelang mit den metallurgischen Kenntnissen der Inka und Vorinka beschäftigte und als Fachmann ersten Ranges gilt, bestätigte mir: »Gewicht und Farbe sagen über den Goldanteil nichts aus.« [20]

Wegen Pater Crespis Schätzen wurde ich später unzählige Male angegriffen. In Deutschland erschien sogar ein ganzes Buch gegen mich, in dem ich selbstverständlich einmal mehr »entlarvt, widerlegt, überführt« wurde. [21] Die Kritiker übersahen, dass der amerikanische Archäologe Manson Valentine, immerhin Ehrenkurator des *Museums of Science* von Miami und Forschungsmitglied des *Bishop*-Museums von Honolulu, dieselben Crespi-Artefakte, die ich veröffentlicht hatte, als echt einstufte. Auch der Archäologieautor Charles Berlitz veröffentlichte Bilder aus der Crespi-Sammlung. [22] Doch der Rest der Geisteswelt schwieg. Nun sind Archäologen auch nur Menschen, und ich verstehe, dass gerne weggeschaut oder vorschnell geurteilt wird, wenn archäologische Schätze nicht ins Schema passen. Die Crespi-Kollektion passt hinten und vorne nicht. Da tauchen Metallplatten mit Pyramiden auf, und an der Pyramidenbasis klipp und klar ein Schriftband. Zeichen, die kein Mensch je entzifferte. Dazu sowohl auf Stein- wie Metallplatten immer wieder andere Schriften und Elefanten. Nur gab es in Südamerika nie Elefanten. Ich fotografierte eine verwirrende Fülle von Bildern mit giraffenähnlichen Wesen, mit Köpfen, aus denen Strahlen schießen, mit affengleichen, verängstigten Visagen, aus denen Schlangen wachsen, wie auch vergoldete Platten, aufgeteilt in 56 Quadrate und in jedem Karree ein Schriftzeichen (veröffentlicht in Quelle Nummer [7]). Doch all dies wird als neuzeitliche Fälschungen abqualifiziert. Als ob einfache, arme Indios, die in kleinen Dorfgemeinschaften im Hochland von Ecuador leben und nicht einmal das Alphabet kennen, fremdartige Schriftzeichen erfinden würden und die dann auch noch auf teures, mit Gold und Silber überzogenes Metall stanzen in ihrer alltäglichen Armut. Zudem muss die Kunstrichtung, mit der ich in der Crespi-Sammlung konfrontiert wurde, aus einer vorchristlichen Zeit stammen. Weshalb? Nirgendwo brachten die angeblichen Indio-Fälscher ein Kreuz, eine Madonna, ein Jesuskind, eine Krippe, eine Himmelfahrt oder sonst irgendein Motiv aus christlicher Zeit an. Die Gesichter und Fratzen auf den Metallplatten sind fremdartig, die ganze Stilart passt in keine existierende Kunstgeschichte, stammt auch aus keinem illustrierten Magazin. Die angeblichen Fälschungen sind zudem in Metallplatten gestanzt worden, die mit demselben perfekten Beschichtungsverfahren überzogen sind wie jene aus vorinkaischer Zeit. Dabei geht es um unglaubliche Schmelz- und Legierungsverfahren, bei denen 50 Prozent Kupfer, 25 Prozent Silber und 25 Prozent Gold vermischt wurden und mikrodünne Legierungen entstanden. Ein Verfahren, das den heutigen Indios unbekannt ist. In ihrer materiellen Armut hätten sie sich auch weder die Verhüttungsöfen noch die Gießtechnik geschweige denn das teure Rohmaterial leisten können.

Die Fachleute, die sich eigentlich damit befassen müssten, schauen weg. Lieber wird das Etikett der »Fälschung« umgehängt, als sich wissenschaftlich mit der Crespi-Sammlung auseinanderzusetzen. Großzügig wird auch übersehen, dass Pater Carlo Crespi bis zum 20. Juli 1962 als Vorsitzender des Goldmuseums von Cuenca fungierte. Dann brannte das Museum ab, und viele Artefakte daraus landeten wiederum im Hinterhof der Kirche *Maria Auxiliadore*. Solange die Gegenstände hinter Panzerglas im Goldmuseum ausgestellt waren, galten sie doch auch als echt?! Nach dem Tod des Paters sind die meisten Artefakte aus der Crespi-Kollektion vom Staat vereinnahmt worden. Angeblich soll ein neues Goldmuseum entstehen.

Ich empfinde die Vernachlässigung der Crespi-Sammlung als archäologisches Schmuddelstück. Man will nicht zur Kenntnis nehmen, dass die Geschichte der vorinkaischen Stämme ganz anders verlief als bislang doziert. Es gilt dieselbe Feststellung wie mit den UFOs oder dem Jesus-Grab in Srinagar: Es interessiert die Welt einen Dreck. Die soll beschränkt und selig bleiben.

Kapitel 5

Verborgene Verbindungen

Drüben ticken sie anders – In welchen Hochschulen? – Wie es zur AAS-Gründung kam – Lob und Verriss – Crash to the Chariots – Scheinheilige Kritiker – Clifford Wilson und seine Hintergründe – Versöhnung mit G. G. – Im Innern des Space Command *– Geheimvortrag bei der NASA – Internationale Beziehungsnetze*

Am 14. September 1973 gründete der amerikanische Rechtsanwalt Dr. Gene Phillips in Chicago die *Ancient Astronaut Society* eine gemeinnützige, internationale Gesellschaft, die sich mit meinem Themenkreis beschäftigt. Wie kam es eigentlich dazu? Wer ist Dr. Gene Phillips? Durfte er diese Gesellschaft gründen, und welche Beziehung hat er zu mir?

Die Frage »Erhielt die Erde vor Jahrtausenden Besuch aus dem Weltall?« interessiert jeden wachen Verstand. Schließlich geht es um das entscheidende Wissen in folgenden Punkten:

- die Entstehung des Lebens im Universum
- die Entstehung des Lebens und der Intelligenz auf der Erde
- die Gründe für den Ursprung der Religionen
- die Ursprünge globaler Überlieferungen
- die Götterbeschreibungen in alten heiligen und unheiligen Texten
- die Beschreibungen technischer Gerätschaften und technischer Vorgänge in alten Texten
- die Imitationskulte – Cargo-Kulte genannt – frühgeschichtlicher Völker
- die astronomischen Erkenntnisse bei einfachen Stammesgesellschaften
- die legendären Urgötter, Urkaiser und Urväter der alten Völker
- das Verschwinden zahlreicher religiöser oder mythologischer Gestalten »im Himmel«
- die Wiederkunftsversprechen in vielen Religionen und Kulturen
- die in diversen alten Texten erwähnten Zeitverschiebungseffekte
- die Motivation für zahlreiche unerklärliche Bauwerke der Antike
- die erstaunlichen Übereinstimmungen vieler weltweiter Felszeichnungen
- die Symbolik von Götterfiguren und -darstellungen
- das weltweite Phänomen der riesigen Scharrbilder, die nur aus der Luft sichtbar sind.

Mit all diesen Themen beschäftigt sich die *Ancient Astronaut Society* – und ich. Logisch, dass ich als exponierteste Gestalt dieses Fachbereiches international angegriffen, belächelt – aber auch bewundert werde. Es ist wie in der Politik. Die einen lieben dich – die anderen wünschen dich zur Hölle. So halte ich denn seit Jahrzehnten international

Vorträge. Sowohl in der Öffentlichkeit, in Geheimgesellschaften als auch an Hochschulen. In den USA ist das wissenschaftliche Klima stets anders als im alten Europa. Die US-Gesellschaft ist grundsätzlich offener, neugieriger, spontaner als die europäische. Sie ist auch weniger obrigkeitshörig – zumindest im wissenschaftlichen Bereich. Dass die NSA *(National Security Agency)* neuerdings jeden bespitzeln kann, ändert nichts an dieser Grundfeststellung. In den USA kann sich jeder die Antwort aussuchen, die ihm vernünftig erscheint – in Europa hingegen herrscht eine Art von wissenschaftlicher Meinungsdiktatur. Nachfolgend eine gekürzte Aufzählung der Hochschulen, an denen ich in den USA referierte und diskutierte:

- *University of California,* San Francisco, Kalifornien
- *North Adams State College,* Massachusetts
- *University of Pittsburgh,* Pensylvannia
- *Eastern Illinois University,* Charleston, Illinois
- *Illinois Institute of Technology,* Chicago, Illinois
- *University of Missouri,* Columbia, Missouri
- *Middle Tennessee State University,* Murfreesboro, Tennessee
- *University of Georgia,* Athens, Georgia
- *University of West Florida,* Pensacola, Florida
- *University of Texas at El Paso,* Texas
- *New Mexico State University,* Las Cruces, New Mexico
- *Northern New Mexico University,* Marquette, New Mexico
- *Texas Christian University,* Forth Worth, Texas
- *University of New Mexico,* Albuquerque, New Mexico
- *University of Tennessee,* Knoxville, Tennessee
- *University of Nebraska,* Omaha, Nebraska
- *Minnesota State University,* Mankato, Minnesota
- *Georgia State University,* Atlanta, Georgia
- *Tennessee Technological University,* Cookeville, Tennessee
- *Eastern Kentucky University,* Richmond, Kentucky
- *University of West Virginia,* Morgantown, West Virginia
- *The University of Utah,* Salt Lake City, Utah
- *University of New Hampshire,* Durham, New Hampshire
- *University at Buffalo* in Buffalo, New York
- *University of Nevada,* Las Vegas, Nevada
- *Georgia Institute of Technology,* Atlanta, Georgia

- *Illinois State University*, Normal, Illinois
- *University of North Carolina*, Chapel Hill, Noth Carolina
- *New York Institute of Technology*, New York
- *City University of New York*, New York
- *Harvard University*, Cambridge, Massachusetts

…

Demgegenüber sind Einladungen an europäische Hochschulen Einzelfälle. (Den letzten Vortrag an einer reinen Hochschule hielt ich am 28. April 2015 an der Fakultät für Religionswissenschaften der Uni Fribourg, Schweiz.) Die USA sind weltoffener – die wissenschaftlichen Resultate belegen es.

Nach einer Vorlesung an der Uni in Chicago sprach mich ein sympathischer, kleinwüchsiger Herr an: Dr. Gene Phillips, Rechtsanwalt. Ob er mich zu einem Glas Wein einladen dürfe? Ich erfuhr, sein Spezialgebiet seien Rechtsstreitigkeiten im medizinischen Bereich. In den USA nennt man sich beim Vornamen: »Erich«, meinte er, »Ihr Thema ist derart spannend und umfassend, dass Sie es niemals alleine beackern können. Das Ganze ist interdisziplinär, geht quer durch die Gesellschaft und quer durch die Wissenschaft.« Er hatte recht. Gene, wie ich ihn fortan nannte, schlug eine »Erich-von-Däniken-Society« vor. Genau das wollte ich nicht. Eine Forschungsgesellschaft ja, aber sie sollte nicht meinen Namen tragen. Weshalb denn nicht? In den 1970er-Jahren war ich noch weit umstrittener als heute, wo sich die Wogen einigermaßen geglättet haben. Eine »Erich-von-Däniken-Gesellschaft« wäre vom gerade herrschenden Zeitgeist zerrissen worden. Es musste ein anderer Name her. Dies machte ich dem Herrn Dr. Gene Phillips klar.

Wir trafen uns mehrere Male. Gene erwies sich als integre Persönlichkeit. Ich lernte seine Familie mit Gattin, Söhnen und Töchtern kennen. Er hatte seinen Fachbereich, die Rechtswissenschaften, ausgezeichnet im Griff. Am Abend des 16. Juli 1973 meinte er: »Ich habe einen Vorschlag. Wie wäre es mit *Ancient Astronaut Society*?«

Auf Anhieb sagte mir der Begriff nichts. Ancient Astronauts? Waren das nicht »alte Astronauten«? Gene klärte mich auf. Ancient – damit seien antike, eigentlich vorgeschichtliche Astronauten gemeint. Ich war dabei. So entstand die *Ancient Astronaut Society*.

Gene Phillips und ich sind Freunde geworden. Heute ist er längst pensioniert, lebt mit seiner Gattin Doris – einer gebürtigen Peruanerin – in Florida. Die amerikanische *Ancient Astronaut Society* heißt inzwischen AAS-RA *(Ancient Astronaut Society Research Association)*, wird in Kalifornien von Giorgio Tsoukalos gemanagt und gibt die Zeitschrift *Legendary Times* heraus. Die Muttergesellschaft blieb in meinen Händen. Wir nennen uns **AAS** – **G**esellschaft für **A**rchäologie, **A**stronautik und **S**ETI. Alle zwei Monate erscheint unsere Fachzeitschrift *Sagenhafte Zeiten*. Jeder, der Lust hat, kann dabei sein. (siehe letzte Buchseiten)

Nachdem mein Film *Erinnerungen an die Zukunft* (in Englisch: *Chariots of the Gods*) im US-Fernsehen gleich acht Mal von Küste zu Küste ausgestrahlt worden war und mein Buch *Chariots of the Gods* Platz eins aller Bestsellerlisten erklommen hatte, brach – so die *New York Times* – ein neues Virus aus: Danikenitis. Gleichzeitig erschien ein Anti-Däniken-Buch: *Crash to the Chariots*. [1] Darin wurde ich vollkommen verrissen. Alles, was ich geschrieben habe, seien Erfindungen, Lügen, Missverständnisse. Ich würde von Archäologie gar nichts verstehen, die respektierten Deutungen von führenden Wissenschaftlern missachten. Die Wüste von Nazca in Peru sei zu keiner Zeit ein Flughafen gewesen, wie ich behaupte, und die Grabplatte von Palenque in Mexiko zeige schon gar keinen Außerirdischen, sondern schlicht einen Maya-Fürsten namens Pacal. Der biblische Prophet Hesekiel habe nie und nimmer ein Raumschiff beschrieben, sondern eine göttliche Vision erleben dürfen. Dies sei von mehreren einflussreichen Theologen eindeutig belegt worden. Meine biblischen Exkurse glichen Teufelswerk; zudem sei ich ein Plagiator, denn die französischen Autoren Louis Pauwels und Jaques Bergier hätten das Thema schon längst vor mir behandelt. Usw., usw.

Alles in allem bedeutete *Crash to the Chariots* tatsächlich einen ziemlichen Absturz. Meine Glaubwürdigkeit und mein Ruf wurden zerfleddert. Viele amerikanische Zeitungen lobten den Anti-Däniken-Autor Clifford Wilson in den Himmel. Endlich, so wurde frohlockt, habe ein Professor der Archäologie diesen Amateur von Däniken entlarvt. Es sei höchste Zeit gewesen, dass ein Wissenschaftler den Däniken-Unsinn ins rechte Licht gerückt habe. Religiöse Zeitschriften stempelten mich zum Atheisten. Der wegen seines Mutes bewunderte Erich von Däniken war über Nacht vom Sockel gestoßen worden. Wer war dieser Däniken-Widerleger? Dieser Doktor Clifford Wilson, Professor der Archäologie? An welcher Hochschule dozierte er? Ich erkundigte mich bei meinem Verleger, *Putnam Books* in New York, doch die dortigen Verantwortlichen fanden keine Antworten und meinten, Anti-Bücher würden der Diskussion gut tun und der Auflage nicht schaden. Aber meinem Ruf. So begann ein Kampf gegen Verdrehungen und Missverständnisse, den ich seither gleich mehrsprachig führen darf. Der gutgläubige Laie ahnt nicht, mit welchen Methoden in Büchern, beim TV und selbstverständlich im Internet Dinge verfälscht werden, dass sich die Balken biegen. Ich mag die Sendungen nicht mehr zählen, doch steht es mir als Hauptbetroffenem zu, gegen das »Komplott der Dummheit« Stellung zu beziehen.

In keinem meiner Bücher steht, Nazca sei der »Weltraumflughafen der Götter« gewesen. Zudem wurden von mir sämtliche Nazca-Theorien ausführlich behandelt. [2] Dem Publikum werden in weltweit ausgestrahlten TV-Sendungen dauernd Scharrzeichnungen vorgeführt, und den Zuschauern wird suggeriert, diese schmalen Linien, allesamt Bestandteil von Figuren, seien das wahre Rätsel von Nazca. Knallhart wird mit dem Bild manipuliert. Die tatsächliche Sensation von Nazca sind aber nicht jene schmalen Linien, sondern die pistenähnlichen Trapeze und künstlich abgeflachten Berge. Ich habe dies in meinen Büchern mit unzähligen Bildern dokumentiert. Bilder übrigens, die von keinem TV-Sender gezeigt werden. [3] Oder: Selbstverständlich haben die Fachleute mit ihrer Ansicht recht, die Grabplatte von Palenque, Mexiko, zeige keinen Außerirdischen, sondern Pacal, den zweitletzten Herrscher der Maya-Stadt. Doch dies in einer Position, in der Pacal ins Weltall fährt. Jede Kleinigkeit auf der phänomenalen Platte hat mit dem Universum zu tun. Dies bestätigen auch die aktuellsten von zum Maya-Thema forschenden Wissenschaftlern vorgenommenen Untersuchungen. [4] Doch in den scheinheiligen Anti-Däniken-Sendungen hört man kein Wort davon.

»Wissenschaftliche Aufklärung« soll betrieben werden. Wissenschaftlich? In den Machwerken herrscht eine grauenhafte Schluderei. Jeder Kenner der Materie durchschaut den Schrott augenblicklich – doch der Laie hat keine Ahnung und muss fressen, was ihm vorgesetzt wird. In den miserablen Sendungen weiß der Cutter einer TV-Produktion nicht, welches Bild zum Text gehört. Und der Editor (Redakteur) ist nicht dieselbe Figur wie diejenige, die mit mir irgendwann ein Interview führte. So darf es nicht verwundern, wenn die Bilder selten zum Text passen. In einer Sendung moderierte der Sprecher mit sachlicher Stimme – versteht sich! – über eine unterirdische Gruft in Dendera, Ägypten. Dazu fuhr die Kamera in den sogenannten »aufsteigenden Gang« der Großen Pyramide. Das eine hat mit dem anderen so wenig zu tun wie der Yeti mit einem katholischen Hochaltar. Oder es werden Maya-Pyramiden in Zentralamerika gezeigt – und der Sprecher faselt von den Inka. Die einen lebten in Zentralamerika, die anderen in Südamerika. Oder irgendein Hanswurst behauptet, ich selbst hätte in einem Interview zugegeben, in meinen Büchern mit Bildern und Texten manipuliert zu haben. Sorry! Für einen derartigen Schwachsinn gab ich mich nie her. Sätze von mir, irgendwann und irgendwo gesprochen, werden aus dem Zusammenhang gerissen, neu zusammengefügt und umgedeutet. Pingpong, endlos. Produziert von den und für die Armen im Geiste.

Auch dieser Prof. Dr. Clifford Wilson unterschob mir Dinge, die bei mir nirgendwo zu lesen waren. Oh ja, der Prophet Hesekiel in der *Bibel* hatte keine Vision des Herrn, sondern ein außerirdisches Zubringerschiff erlebt. Dazu stehe ich noch heute und kann es auch blitzsauber untermauern. [5, 6] Und der Plagiator? Schon Jahre vor meinem Buch *Chariots of the Gods (Erinnerungen an die Zukunft)* hatte ich in diversen Zeitungen über mein späteres Buchthema geschrieben. Beispielsweise im Jahre 1964 in der kanadischen Zeitung *Der Nordwesten* eine ganze Seite mit dem Titel »Erhielten unsere Vorfahren Besuch aus dem Weltall?« [7] Dass andere Autoren am selben Thema wie ich herumbissen, war kein Geheimnis. Ich hatte die Kollegen in meinem Literaturverzeichnis von *Erinnerungen an die Zukunft* allesamt korrekt aufgeführt. Wenn Früchte reif sind, fallen sie gleichzeitig. Das gilt auch für den jeweiligen Zeitgeist.

Jahre vergingen. Von mir erschienen neue Bücher, zugestandene Fehler sollten sich nicht wiederholen. Irgendwann in den 1980er-Jahren war ich Gast bei einer TV-Diskussion in Sydney, Australien. Mit mir am Tisch der lang gesuchte Anti-Däniken-Professor Dr. Clifford Wilson. Endlich! Ein sehr freundlicher Herr, der sich liebenswürdig und salbungsvoll ausdrückte. Wir stritten nicht vor der Kamera, führten ein sachliches Gespräch. Hinterher, bei einem Drink, erkundigte ich mich, an welcher Hochschule er eigentlich Archäologie doziere. Und welches sein Spezialbereich sei. Sumerologie? Ägyptologie? Meso-Amerika?

»Ich bin ein Kreationist«, bekannte Clifford Wilson freimütig. Kreationisten sind *Bibel*-Gläubige, die von der Evolutionstheorie nichts halten. Nach ihrer Überzeugung hat Gott die Erde und am sechsten Tag auch den Menschen erschaffen. Für Kreationisten existiert keine langsame Entwicklung vom Affen zum Vormenschen – und es gab schon gar keine Eingriffe von außen. Ich erfuhr, dass Dr. Clifford Wilson mehrere Bücher über die *Bibel* und über Jesus verfasst hatte. [8, 9, 10] Damit wurde auch offensichtlich, in welcher Küche der Anti-Däniken-Brei zusammengerührt worden war. Himmel hilf!

Am Rande: Auch in Deutschland war kurz nach der Publikation von *Erinnerungen an die Zukunft* ein Anti-Buch erschienen. Titel: *Erinnerungen an die Wirklichkeit*. [11] Der Autor, Gerhard Gadow, studierte damals Jura an einer Berliner Hochschule. Wir trafen uns, und ich erfuhr, dass hinter dem Text wieder einmal ein Professor der Archäologie steckte. Der damals jugendliche Gadow konnte nichts von meinen Publikationen vor *Erinnerungen an die Zukunft* wissen. Deshalb gestehe ich nach Jahrzehnten des Schweigens: Damals lud ich den Anti-Däniken-Autor Gerhard Gadow in die USA ein, und gemeinsam reisten wir für 20 Tage in den Vereinigten Staaten umher. Als zuverlässiger Begleiter betreute Gerhard die Technik bei meinen Vorträgen. Später verfasste er ein hervorragendes Buch über den Atlantis-Streit. [12]

That's life! Up and down, Lob und Anfeindungen gehören zusammen. Wir leben Gott sei Dank in keiner Welt, in der »par ordre du mufti« geglaubt werden muss.

Der amerikanischen AAS traten immer mehr geistreiche und wissenschaftlich geschulte Menschen bei. Männer, die meine Ansichten verteidigten und selbst Bücher zum Thema publizierten. Hans Schindler Bellamy, Archäologe und Autor eines Werkes über Tiahuanaco [13], und Luis E. Navia, Professor vom *New York Institute of Technology* [14], gehörten ebenso dazu wie der Anthropologe Prof. Dr. David Horn von der *Colorado State University* [15] oder Josef F. Blumrich, damals Chefingenieur der NASA. [16] Sie alle schrieben – wie eben erwähnt – Bücher und unterstützten die Hypothese eines vorgeschichtlichen Besuches aus dem Weltraum. Ideologische Hilfe bekam ich auch von Nobelpreisträger Francis Crick [17] oder von Prof. Dr. Dr. Chandra Wickramasinghe, der zu den bedeutendsten Astronomen zählt und heute Direktor des *Buckingham Center for Astrobiology* an der Universität Buckingham (England) ist. Die Liste seiner Publikationen ist endlos. Hatten wir doch alle noch in der Schule gelernt, das Leben auf der Erde sei in einer »Ursuppe« entstanden, in der sich Atome schließlich zu Molekülketten formten, so widerlegte Prof. Dr. Dr. Wickramasinghe diese alte Idee wissenschaftlich blitzsauber. »Die Ursuppentheorie ist kompletter Unsinn«, sagt der Gelehrte heute. »Der Ursprung des Lebens kam von außerhalb der Erde.« [18]

Ein Mitglied der AAS und hoher Offizier der *US Air Force,* der auch heute noch seinen Namen nicht veröffentlicht sehen will, verschaffte mir einen Zutritt zum *Space Command.* Was ist das? Im US-Staat Colorado bei Alice Springs – mitten in den Rocky Mountains – existieren ausgehöhlte Bergmassive. Darin untergebracht ist das *Space Command.* Die totale Überwachung des Weltraums. Ich besuchte die Anlage am 2. August 1984 und lernte schon damals das Staunen wieder. Heute ist das *Space Command* dreimal umfangreicher als 1984 – mein jetziges Staunen wäre wohl endlos. Die Anhänger der TV-Serie *Stargate* bekommen hie und da einen kurzen Blick auf den Zugang von *Space Command* zu sehen und wissen gar nicht, dass die Anlage tatsächlich existiert: »CHAYENNE MOUNTAIN COMPLEX« steht am Felsen über einem riesigen Eingangstor. Dieses Tor ist eigentlich eine Tresortüre: drei Meter hoch, vier Meter breit und gute 25 Tonnen schwer. Wenige Meter dahinter eine zweite Tür des gleichen Kalibers. Dahinter mehrere Felshangars in unterschiedlicher Größe. Wände, Decken, Verbindungsstollen und Lifte sind mit Stahlnetzen und schwerem Beton gegen Steinschlag gesichert. Keiner der unterirdischen Räume hat einen direkten Kontakt zum Felsen – alle stehen isoliert in den gewaltigen Domen. Atombombensicher. Auch wenn eine Felswand erzittert, die Räume bleiben unberührt. Deshalb stehen sie zusätzlich auf 500 Kilogramm schweren Stahlfedern.

Im Innern sitzen Menschen vor Computern, an den Wänden mehrere Großbildschirme. Was ich vor Jahrzehnten verschweigen musste, darf ich heute schreiben. Während meiner Besichtigung leuchtete plötzlich ein gelbes Alarmlicht auf. Mein Begleitoffizier drückte mich

500 Kilogramm schwere Stahlfedern sichern die Räume des *Space Command*

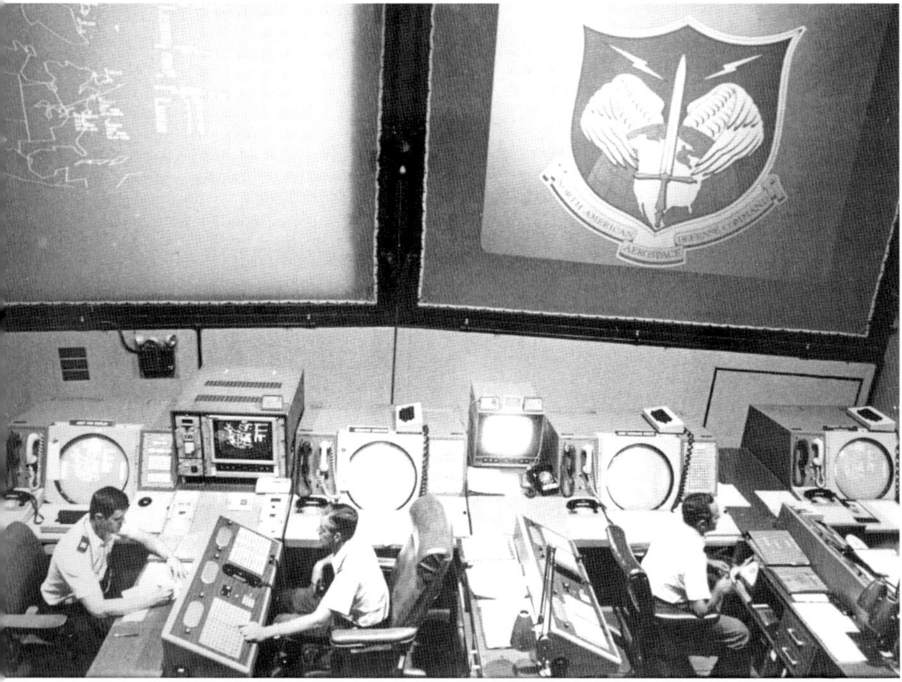

Im Innern des *Space Command*

in den nächsten leeren Sessel und hielt den Zeigefinger vor seine Lippen. Schweigen. Alles hackte auf Tastaturen herum. Kein Wort fiel. Dann auf der linken Wandprojektion plötzlich ein Feuer wie von einem Vulkanausbruch. Gleich darauf erfasste ein Zoom-Objektiv eine Rakete, die sich langsam aus einem Silo schälte und Geschwindigkeit aufnahm. Dann erkannte man die Umrisse von Teilen der Sowjetunion, von Europa und Alaska. Zahlen und Bahnkurven tauchten auf der rechten Großprojektion auf, schließlich ein durchgekreuztes Zeichen für Radioaktivität. Was war geschehen?

Auch im damaligen Kalten Krieg unterrichteten sich die USA und die Sowjetunion gegenseitig über den Start von Interkontinentalraketen. Klug durchdacht. Ein irrtümlich ausgelöster Atomkrieg sollte vermieden werden. An jenem 2. August 1984 hatten die Sowjets eine unterirdisch stationierte Rakete gezündet, die der Gegenseite nicht gemeldet worden war. Satelliten des *Space Command* spürten die Hitze des Triebwerks auf, bevor das Geschoss das Silo verließ. Die exakte geografische Position wurde einem anderen Satelliten mitgeteilt, der über eine unglaubliche »Seh-Technik« verfügte. Ein Zoom-Objektiv filmte die Rakete, kaum dass sie aus dem Silo stieß. Computer errechneten ihre Größe, Geschwindigkeit, Flugbahn, und ein weiterer Satellit konnte sogar messen, ob an Bord des Geschosses Radioaktivität mitgeführt würde. All dies schon 1984. Was mag die Überwachungstechnologie wohl heute beherrschen? Circa 1200 aktive Satelliten kleben über der Erde. Dazu die ISS, die Internationale Raumstation, die in 400 Kilometern Höhe unseren Planeten alle 91 Minuten umkreist. Schließlich Tausende Stücke von Weltraumschrott. *Space Command* muss alles unter Kontrolle haben. Kein Satellit darf mit Müll kollidieren. Schon 1984 konnten mir die Männer an den Computern punktgenau sagen, in welcher Position sich gerade *Sojus 6* bewegte. Nicht die hochgerechnete Position – sondern die reale Position über der Erde. Dem System von Sensoren entgeht kein Raketenstart. Sobald ein Satellit etwas Außergewöhnliches registriert – das kann auch ein Vulkanausbruch oder ein Buschbrand sein –, meldet er das Ereignis direkt in den Frühwarnraum des *Space Command*. Alle ungewöhnlichen Einzelheiten werden auf die fünf Projektoren geworfen. Ein Angriff dauert, je nach Standort der abgefeuerten Rakete, rund 1600 Sekunden – dann hätten die Geschosse den amerikanischen Kontinent erreicht. Werden die Raketen von einem U-Boot abgefeuert, kann die

Frühwarnzeit auch nur 600 Sekunden betragen. Die Computer wissen sofort, welche Sensoren das Ereignis gemeldet haben. Sie kennen die Startzeit, die exakte Position der Abschussstelle, die Startgeschwindigkeit, die Richtung des Geschosses, um welchen Raketentyp es sich handelt und vieles andere mehr. Der Einschlagsort lässt sich auf 100 Meter genau bestimmen. Dementsprechend kennt *Space Command* auch die Position jedes U-Bootes, egal, in welchem Weltmeer es gerade taucht. Unheimlich.

Natürlich wollte ich auch wissen, ob *Space Command* schon UFOs im Visier hatte.

»Unbekannte Echos tauchen immer wieder auf.«

»Was tut ihr dagegen?«

»Nichts. Die Dinger sind derart schnell, vollführen unmögliche Manöver und verschwinden wie ein Spuk. Sie können von keiner irdischen Macht stammen und werden deshalb als belanglos eingestuft. Keine Gefahr für die Nationale Sicherheit. Verfolgen könnten sie unsere Flieger ohnehin nicht. Das alles spielt sich draußen im Weltraum ab.«

Zu meinen »Beziehungskisten«, wie sie der Volksmund nennt, gehören auch geheime Vorträge und Kontakte, über die ich bislang nicht sprechen sollte. Doch »temporas mutantur«, die Zeiten ändern sich – und wir uns mit ihnen. Im Herbst 1972 hielt ich in Huntsville, USA, einen damals geheim gehaltenen Vortrag. Weshalb geheim? Organisiert wurde die Einladung durch einen hohen NASA-Mitarbeiter, und beide Parteien vereinbarten Stillschweigen über das Treffen. Huntsville war einst ein langweiliges Nest am Rande der Appalachen. Dann kam die NASA – und das ehemalige Baumwollstädtchen verwandelte sich in einen Technikzirkus. Fabriken, Laboratorien, Raketenprüfstände, Riesenhangars und Verwaltungsbüros schossen atemberaubend schnell aus dem Boden. Die Huntsviller nennen ihre Stadt »Rocket-City«. Bei meinem Secret-Speech traf sich die Crème de la crème der NASA. Die Raketenbauer Dr. Pscherra, Dr. Bert Slattery, Dr. Stuhlinger, Dr. Sänger, Dr. K. Debus – alle mit Professorentitel – und natürlich der Chef der Konstruktionsabteilung, Josef Blumrich. Anfänglich stand er meinen Theorien sehr skeptisch gegenüber. Dann befasste er sich intensiv mit den sogenannten »Visionen« des biblischen Propheten Ezechiel (auch: Hesekiel) und gestand: »Kaum

jemals war eine absolute Niederlage so reich belohnt, so faszinierend und so erfreulich.«(»Seldom has a total defeat been so rewarding, so fascinating and so delightful.« [19])
Zu einer ähnlichen »Umkehrung der Werte« gelangte auch Dr. Pasqual Schievella, Präsident des *National Council for Critical Analysis* in New York. Ehedem Gegner meiner Hypothesen, wurde er nach Prüfung aller Quellen Mitglied der AAS und meinte: »Die AAS erwartet nicht mehr von der Welt, als dass ihr das Recht zugestanden wird, ihre Ideen im gleichen Geiste wie die Wissenschaft verfolgen zu dürfen, und dass ihre Funde mit der gleichen respektvollen Aufmerksamkeit aufgenommen werden wie diejenigen anderer Wissenschaften.«

Alles in Amerika – was ist mit den Europäern, den Russen? Gibt es hier Beziehungen? In Deutschland lernte ich die Astronauten Ulf Merbold, Dr. Reinhard Furrer und Dr. Ulrich Walter persönlich kennen. Letzterer ist Inhaber des Lehrstuhls für Raumfahrttechnologie an der TU München. (Auch an seinem Institut hielt ich eine Vorlesung.) Sein Vorgänger, Professor Dr. Harry O. Ruppe und ich sind seit Jahrzehnten befreundet. (Harry Ruppe arbeitete lange Zeit als rechte Hand von Wernher von Braun bei der NASA in Huntsville. Er ist Autor mehrerer Lehrbücher über Raumfahrt. [20]) In der Ex-Sowjetunion, war es der Kosmonaut Georgi Michailowitsch Gretschko, der den Kontakt mit mir suchte und mich zu zwei (wiederum) geheimen Vorträgen nach Moskau und St. Petersburg einlud. Gretschko war seit 1979 Rekordhalter im Weltall. Er hatte insgesamt 125 Tage in der Schwerelosigkeit verbracht. Er ist zweifacher Held der Sowjetunion und ihm zu Ehren wurde in einem Park bei St. Petersburg eine Statue errichtet. Wir besuchten sie gemeinsam in einer kalten Winternacht. Wie der US-Astronaut und Mondfahrer Edgar Mitchell weilte auch der Russe Gretschko bei mir in Beatenberg (Schweiz). Beide besuchten den *Mystery-Park* in Interlaken. (Inzwischen in *Jungfrau-Park* umbenannt.) Und dort, in jenem toll aufgemachten Themenpark, in dem es um die großen Rätsel der Welt geht, wird den Besuchern auch eine Attraktion mit der Bezeichnung *Sputnik* geboten. Dabei handelt es sich um eine Kapsel, die auf Hydraulikstelzen steht, die sich rasch bewegen und die Besucher durcheinanderwirbeln können. Jeder Insasse der Kapsel ist angeschnallt, vor seinen Augen befindet sich ein dreidimensionaler Bildschirm. Es entsteht die Illusion eines Weltraumfluges beim Wiedereintritt in die Erdatmosphäre. Georgi Michailowitsch Gretschko,

Rekordhalter im All, stand draußen vor dieser Kapsel und folgte ihren abrupten Bewegungen. Ein Mitarbeiter des Parks, nicht wissend, wen er vor sich hatte, fragte Herrn Gretschko:

»Möchten Sie eine Fahrt machen? Es ist wie die Illusion eines Raumfluges.«

»Raumflug?«, antwortete Gretschko und blickte mit rollenden Augen zum jugendlichen Mitarbeiter. »Raumflug? – Nie im Leben würde ich etwas Derartiges wagen!«

Der Astronaut Edgar Mitchell

Kapitel 6

Was ich noch zu sagen hätte ...

Aus der jahrtausendjährigen Vergangenheit der Menschen stammen Schriften, die über Außerirdische berichten. Allerdings nannten sie unsere Vorfahren nicht »Außerirdische«, sondern »Götter«. Ihre Taten, ihre Waffen, ihre Fahrzeuge und ihr Verhalten wurden beschrieben. [1–10] (Die zehn Quellen, die ich hier anführe, sind die Spitze des Eisberges.)

Aber eigentlich müsste die Erde in Hymnen und Lobpreisungen zu Ehren dieser »Himmelswesen« ertrinken. Die Ereignisse vor Jahrtausenden waren global, betrafen alle Menschen. Wo sind die hunderttausendfachen schriftlichen Zeugnisse über den Besuch von Außerirdischen?

Sie sind überall, sie finden sich auch in den heiligen Büchern der alten Religionen. Wir Schlaumeier haben das Ganze nur religionspsychologisch übersetzt. Unwissend in Bezug auf andere Lebensformen im Universum wurden aus Raumschiffskommandanten »Götter«, aus Raumfahrern »Engel«, aus einem *Shuttle*-Flug eine »Himmelfahrt« oder aus einem Aufenthalt im Mutterraumschiff ein Besuch »im Him-

mel«. Oh heilige Einfalt! Und doch – *das ist es, was ich noch zu sagen hätte* –, in unserer Streitkultur vergessen wir das Wichtigste:
Einst ließ der Pharao Ramses III. (1221–1156 v. Chr.) eine riesige Bibliothek zusammentragen. Nichts ist davon übrig geblieben. Als Cäsar 47 nach Christus im Hafen von Alexandria seine Truppen wüten ließ, ging auch die Bibliothek in Flammen auf. 700 000 Bände futsch. Cleopatra bekam von der kleinasiatischen Bibliothek von Pergamon 200 000 Bände geschenkt. Sie bildeten den Grundstock der neuen Bibliothek von Alexandria. Der römische Kaiser Diokletian (244–313 n. Chr.) ließ alles vernichten. Selbst der dritte Versuch, die Alexandrinische Bibliothek durch das Einsammeln alter Schriften zu Glanz und Reichtum zu führen, scheiterte. Theodosius I. (347–395 n. Chr.), dem man wohl irrtümlich den Beinamen »der Große« anhängte, ließ die Bibliothek erneut niederbrennen. Und im Jahre 562 unserer Zeitrechnung ließ der Kalif von Damaskus, Umar ibn al-Chattab (579–644 n. Chr.), aus Büchern des »Museion von Alexandria« alle Bäder der Stadt heizen. Dies gleich sechs Monate lang, bis keine Schriften mehr vorhanden waren.

Auf seinen Kriegszügen ließ Julius Cäsar Bibliotheken zerstören, dasselbe tat Alexander der Große mit den Urschriften des *Awesta*. Das waren die originalen religiösen Texte der Parsen.

In China war es Kaiser Qin Shihuangdi (259–210 v. Chr.), der sämtliche Bibliotheken seiner besiegten Feinde niederbrennen ließ.

Nichts anderes geschah in Äthiopien. Italienische Soldaten zündeten die alten Königsbibliotheken von Addis Abeba an. Wertvolle Schriften landeten in der Vatikanischen Bibliothek in Rom, wo sie heute noch unübersetzt liegen. Genauso ging es in Süd- und Zentralamerika zu. Am 12. Juni 1562 ließ der Bischof Diego de Landa (1524–1579 n. Chr.) alle Maya-Handschriften öffentlich verbrennen. Für ihn waren die alten Götter, die einst vom Himmel gestiegen waren, nur abergläubisches, dummes Zeug.

Die gewaltige Bibliothek der Nalanda-Universität (heute Bundesstaat Bihar, Indien) wurde vom türkischen Eroberer Bakhtiyar Khilji (gestorben 1206) komplett zerstört. Wegen der riesigen Menge von Büchern dauerte die Verbrennung über drei Monate.

Die christlichen Herrscher waren nicht besser. 1242 wurden auf Veranlassung Papst Gregors IX. (1227–1241) bei der sogenannten »*Talmud*-Verbrennung« in Paris 24 Wagenladungen jüdischer Bücher abgefackelt. Die Schriften waren aus dem ganzen französischen Königreich zusammengetragen worden. Zwei Tage lang brannten die Scheiterhaufen. Befehle zu Bücherverbrennungen erließen auch die Päpste Innozenz IV. (1243–1254), Clemens IV. (1256–1268), Johannes XXII. (1316–1334), Paul IV. (1555–1559) und andere bis heute. Dann erschien ab 1559 der *Index Librorum Prohibitorum*. Das ist das Verzeichnis der verbotenen Bücher. Jeder Katholik, der ein Werk aus dieser Verbotsliste las, war automatisch exkommuniziert – von der Kirche und ihren Sakramenten ausgeschlossen. Die letzte offizielle Ausgabe des *Index Librorum Prohibitorum* erschien im Mai 1948.

Der Grund für die Zerstörung von Abermillionen Büchern war stets derselbe: Rechthaberei. Weder die weltlichen noch die religiösen Führer konnten zugeben, dass vor ihnen ältere und weit größere Kulturen existierten, dass es einst andere, vom Universum aus initiierte Religionen gegeben hatte. Dass Menschen schon vor Jahrtausenden »in den Himmel aufgerückt« waren und nicht erst der Heilsbringer ihrer neuen Religion, heiße er nun Jesus, Buddha oder XY.

Hätten wir die alten Bücher noch, könnte es einen Typen wie mich nicht geben. Meine Mitstreiter und ich müssten nicht mühsam in alten Texten nach Indizien forschen. Es wäre Allgemeinwissen: Einst landeten Außerirdische auf der Erde. Unsere steinzeitlichen Vorfahren begriffen nichts und glaubten irrtümlicherweise, diese ETs seien Götter. Die sogenannten Götter wiederum verhielten sich wie Ethnologen. Sie studierten einige Stämme, lernten einige Sprachen, gaben einige Ratschläge und verschwanden wieder »in den Himmel«. Allerdings mit dem Versprechen, in einer fernen Zukunft zurückzukehren.

Alles wäre sternenklar, *wären die alten Bücher nicht vernichtet worden*. Hat die Menschheit irgendetwas daraus gelernt?

Die Zerstörung von Schriften und von anderen Kulturgütern geht auch in unserer Zeit unbekümmert weiter. Hitler ließ Bücher öffentlich verbrennen, jeder Dummkopf von Diktator lässt unliebsame Magazine und Zeitungen observieren, die Autoren verhaften oder töten. Heutzutage werden im Namen von Religionen nicht nur Bibiotheken, sondern gleich noch die Heiligtümer und Statuen der verhassten Kulturen dem Erdboden gleichgemacht. So weit hat es die Zivilisation gebracht. Und sie schaut zu. Ohnmächtig, sich nicht einmischend.

Zu dieser Ohnmacht hinsichtlich der vernichteten, verfälschten, verfilzten und religiös verdrehten Texte gesellt sich der unausrottbare menschliche Eigensinn. Ich erlebe es weltweit und tagtäglich. Egal, ob es um grandiose Bauwerke in Zentral- oder Südamerika, in Ägypten oder Asien geht, die Reaktion ist überall dieselbe. Was? Der Bau unserer Heiligtümer soll von außen beeinflusst worden sein? Sie wagen es, die Leistungen unserer Vorfahren herabzuwürdigen? In diesem nationalen Denken wird jede Sachlichkeit weggeputzt. Der eigentliche Auftrag an die Archäologie dient nicht mehr dem Erkenntnisgewinn, sondern dem Nationalstolz. Über die jahrtausendealten Bauwerke wird eine direkte Linie zur eigenen Vergangenheit gezogen. Wir sind die Größten! Unsere Vorfahren waren die Größten! Alles, was dagegen spricht, wird wütend weggeworfen. Schreiben etwa altarabische Historiker, die Große Pyramide sei von Saurid, einem Herrscher vor der Flut, gebaut worden, und dieser Saurid sei derselbe, den die Hebräer »Henoch« nannten, dann kann eine derartige Überlieferung nur Unsinn sein. Mit der Aussage würde ja unterstellt, Juden hätten beim Pyramidenbau mitgewirkt. Unmöglich! Nach dieser Logik dürfen auch Götter niemals Besucher von einem anderen Sonnensystem gewesen sein. Wir wären nicht mehr die Größten. Und weil es nicht in die Köpfe von Reiseleitern und nationalen Archäologen will: Selbstverständlich waren es Menschen, die die grandiosen Tempel und Pyramiden bauten. Selbstverständlich schufen Menschen die phänomenalen Kunstwerke. Die Götter haben sich ihre Hände nie schmutzig gemacht. (Sieht man von wenigen kleinen Basislagern ab, die sie errichteten.) Alle bauwerklichen und kunsthandwerklichen Meisterleistungen sind Menschenwerk. Der ursprüngliche Impuls aber, der die Frage »WARUM taten es die Menschen?« beantwortet, kam von außen. Dies ist nun mal belegbar, auch wenn es nicht zum Nationalstolz passt. Die Berliner Symphoniker fühlen sich ja auch nicht erniedrigt, wenn sie die *Rhapsody in Blue* spielen, nur weil der Komponist George Gershwin ein Amerikaner war.

Die Vergangenheit wird *in situ* verfälscht, Bücher wurden und werden vernichtet. Und obschon alle modernen Staaten in ihren Verfassungen und Grundgesetzen die freie Meinung und das freie Wort versprechen, halten sich weder Politiker noch Gerichte daran. Das deutsche Grundgesetz garantiert in Artikel 5 Absatz 1: »Jeder hat das Recht, seine Meinung in Wort, Schrift und Bild frei zu äußern und zu verbreiten ... Die Pressefreiheit und die Freiheit der Berichterstattung werden gewährleistet. Eine Zensur findet nicht statt.«Ganz ähnlich tönt es aus der Schweizer Bundesverfassung, wenn man Artikel 16 Absatz 2 liest:»Jede Person hat das Recht, ihre Meinung frei zu bilden und sie ungehindert zu äußern und zu verbreiten.« 1946 erklärte die UNO die Freiheit der Information zum fundamentalen Menschenrecht. In den USA garantiert der »Freedom of Information Act« die frei zugängliche Information. Was ist daraus geworden? Über unsere medialen Kanäle wird der Gesellschaft ein Einheitsbrei eingetrichtert. Tagtäglich tropft die Manipulation. Die Menschen werden zu dumpfen Moralisten ausgewaschen, die sich einreden,»Gutmenschen« zu sein. Ihr Weltbild wird in geheimen Büros vorbereitet, und die Chefs und Redakteure an der Front sind nur noch Handlanger überflüssiger »Räte«,»Beiräte«,»politischer Kommissionen« und »Quoten-Ermittler«, die sich auch dann noch bei jeder unpassenden Gelegenheit einmischen, wenn sie von der Sache gar nichts verstehen. Vorbildlich wird das demonstriert, wenn es um Gentechnik oder den Kernkraftunfall von Fukushima in Japan geht. Bekannterweise führte dieser Unfall zur Energiewende. (Nie mehr Kernkraft im deutschsprachigen Europa!) Über jenen Unfall wird in sämtlichen Leitmedien ein Gebräu verbreitet, das mit der Realität unvereinbar ist. (19 000 Strahlentote! Ha!) Und jeder, der die Wahrheit kennt, ist zum Schweigen verdammt, weil die Medien keine andere Information durchlassen. Alle Gehirne werden verkleistert. Es herrscht Duckmäusertum. Zivilcourage? Vergesst es! Und wer sie zeigt, wird im Sumpf der Gleichmacherei ertränkt. Sendungen mit Ansichten, die den großen Religionen widersprechen, darf es nicht geben. (»Das hat alles mit dem Islam nichts zu tun ...«) Nicht anders die öffentliche Diskussion um das selig machende Kohlendioxid. Dass CO_2 kaum etwas mit dem Klimawechsel zu tun hat, ist auch Tausenden von Wissenschaftlern bekannt. Nur zu Wort kommen sie nie. Die »Beiräte«, besser: Lobbyisten, wissen das zu verhindern. Eine freie Gesellschaft? Das freie Wort sei verfassungsmäßig garantiert? Da lachen ja die Hühner! Vermutlich nennen die Außerirdischen den dritten Planeten in diesem Sonnensystem »Planet der Lüge«. So weit haben wir es gebracht. Die Unwissenschaftlichkeit, der Glaube an irgendeinen Humbug, dominiert.

Die Jugend fummelt an ihren Computertastaturen herum, Bildschirme spucken Daten in die Netzhaut, die uns gar nicht interessieren und deshalb gleich wieder in der Kammer des Vergessens verschwinden. Wir surfen zwar über die Informationen, tauchen aber nicht in sie ein. Dieses Internet manipuliert uns, weil wir glauben, im Netz alle Informationen abrufen zu können und umfassend informiert zu sein. Doch hinter jeder Information stehen Menschen mit Meinungen – auch religiösen und politischen. Irgendwer hat irgendwo und irgendwann die Meinung ins Netz eingetippt oder eingescannt. So rasen denn nicht nur blitzschnell Wahrheiten um die Erde, sondern auch Unwahrheiten. Und die schlauen Geheimdienste, die x-Milliarden von elektronischen Informationen registrieren, speichern gleichzeitig auch x-Milliarden von Lügen ab. Ein fabelhaftes System!

Die wahre Information über das Netz erlangen zu wollen, ist eine Illusion. Wir tappen spätestens dann im Dunkeln, wenn wir an uralte Texte herankommen möchten. Entweder wurden sie nie eingegeben oder sie existieren nur in verkürzten oder religiös verbrämten Versionen. Giga Garbage in – Giga Garbage out (Riesenmüll rein – Riesenmüll raus). Das allwissende Internet ist bereits eine Manipulation derer, die meinen, sich darauf verlassen zu können. Wobei die Informationseingabe von Gleichgesinnten für Gleichgesinnte erfolgte. Die täglichen Internetler, und ich kenne wunderbare Typen darunter, benehmen sich alle wie gleichgeschaltet, kaum dass sie vor einer Tastatur sitzen. Geradeso, als ob Bewusstlose im Takt zucken.

Und in unserer fabelhaften Welt mit den verfassungsmäßig garantierten Informationsrechten kümmern sich ausgerechnet Politiker und Richter einen Dreck darum. Diejenigen, die sich für die Rechte einsetzen sollten, zucken die Achseln. Bücher und Artikel werden gerichtlich verboten, weil sich eine Einzelperson – noch entsetzlicher: eine politische Ideologie oder Religion – verletzt fühlt. Texte werden durch die »Political Correctness« oder den »Gender«-Schwachsinn verhindert. Die Autoren vor Gericht gezerrt. Heute existieren, es ist kaum zu fassen, Gesetze, die nach einer Aussage-Polizei schreien. Wer hat was gesagt? Rassist! Das politisch gesteuerte Massenbewusstsein, der Orwell-Staat, wird realisiert. Und die traurigen Richter, die diesen Gesinnungsblödsinn auch noch durchsetzen, bilden sich ein, ihre Urteile dienten dem Seelenfrieden der Gesellschaft, und der stünde höher als die Verfassung. Wann endlich gibt es höchste Richter, die Klartext durchsetzen und unseren politischen Clowns eintrichtern, dass die Verfassung *über* jedem Gesetz steht? Andersherum: dass jedes

Gesetz, das die Meinungsfreiheit verhindert, verfassungswidrig ist? In den jeweiligen Verfassungen existieren keine Ausnahmen, keine »wenn es ...« oder »ausgenommen sind ...«. Die menschliche Rechthaberei, der Starrsinn, ging immer über Leichen und brach seit Jahrtausenden jedes Gesetz und später jede Verfassung.

Ach ja, in unserer Zeit schreibt man auch von »gekauften Journalisten«. [11] Das Wort sagt nur die Hälfte. Ich kenne hervorragende und brillante Journalisten, von denen keiner »gekauft« ist. Aber sie alle unterliegen dem jeweiligen Zeitgeist, und der gestattet ihnen nicht, vorurteilslos über bestimmte Hypothesen zu schreiben. Oder darüber in der Redaktion zu sprechen. Die Kollegen könnten etwas Falsches denken. Gekaufte Medien? Nein. Richtig ist: Es handelt sich um Verschweiger-Medien.

Literaturverzeichnis

Kapitel 1: Unmögliche Begegnungen
[1] Pauwels, L. und Bergier, J.: *Aufbruch ins dritte Jahrtausend.* Bern 1962
[2] *Der Spiegel,* Nr. 31/1991
[3] n-tv (Deutschland) vom 9. Juni 2015: *Die Wahrheit über UFOs*
[4] Story, Ronald: *The Encyclopedia of UFOs.* New York 1980
[5] Hynek, Allen J.: *The UFO Experience, a Scientifc Inquiry.* Chicago 1972
[6] Fuller, John G.: *The Interrupted Journey.* New York 1974
[7] Fuller, John G.: *Aliens in the Skies.* New York 1969
[8] Buttlar, Johannes von: *Das UFO-Phänomen.* München 1978
[9] Däniken, Erich von: *Der Götterschock.* München 1992, S. 195 ff.
[10] *Astronomy:* »The Zeta Reticuli Incident«. Dezember 1974
[11] Dickinson, Terence u. a.: *The Zeta Reticuli Incident.* Milwaukee 1976 (Sonderdruck)
[12] Gliese, Wilhelm: *Catalog of Nearby Stars.* Edition 1969, San Francisco
[13] Prof. Dr. Allen Hynek in *Bild am Sonntag.* 6. Juni 1976
[14] Hopkins, B.: *Eindringlinge.* Hamburg 1991
[15] Strieber, W.: *Communion.* New York 1987
[16] Stieber, W.: *Transformation – The Breakthrough.* New York 1988

[17] Fiebag, J.: *Kontakt – UFO-Entführungen in Deutschland, Österreich und der Schweiz.* München 1994
[18] Mack, E. J.: *Abductions – Human Encounters with Aliens.* New York 1994
[19] von Ludwiger, Illobrand: *Ergebnisse aus 40 Jahren UFO-Forschung.* Rottenburg 2015
[20] Kean, Leslie: *UFOs. Generäle, Piloten und Regierungsvertreter brechen ihr Schweigen.* Rottenburg 2010

Kapitel 2: Märchen für die Christenheit
[1] Korrespondenz mit Prof. Dr. F. M. Hassnain. EvD-Archiv, Nr. 1584
[2] Däniken, Erich von: *Reise nach Kiribati.* Düsseldorf 1981
[3] Däniken, Erich von: *Erscheinungen.* Düsseldorf 1974, S. 128 ff.
[4] Däniken, Erich von: *Auf den Spuren der All-Mächtigen.* München 1993
[5] Faber-Kaiser, Andreas: *Jesus lebte und starb in Kaschmir.* Berlin 1976 (Neuauflage bei Ullstein, Berlin 1998)
[6] Lehmann, Johannes: *Jesus-Report.* Düsseldorf 1970
[7] Kehl, Robert: *Die Religion des modernen Menschen.* Heft 6a. Zürich o. J.
[8] Delitzsch, Friedrich: *Die große Täuschung.* Stuttgart/Berlin 1921
[9] Korrespondenz mit Professor Dr. Dileep Kumar Kanjilal. EvD-Archiv, Nr. 1500
[10] Däniken, Erich von: *Habe ich mich geirrt?.* München 1985. S. 225 ff.
[11] *Veda Yo Vinam padam antariksena gahatam Rigweda* 1.25.6
[12] *Rigveda* 1.111.1
[13] *Rigveda* 1.20.3
[14] *Rigveda* 1.25.111
[15] *Rigveda* 1.30.18–20
[16] Ludwig, A.: *Abhandlungen über das Ramayana und die Beziehungen desselben zum Mahabharata.* Prag 1894
[17] Jacobi, Hermann: *Das Ramayana.* Bonn 1893
[18] Kanjilal, Dileep Kumar: *Vimana in ancient India.* Kalkutta 1991

Kapitel 3: Ägyptische Verbindungen

[1] Däniken, Erich von: *Die Augen der Sphinx*. München 1989. S. 15 ff.
[2] Wahrmund, Adolf: *Diodors von Sizilien Geschichtsbibliothek*. 1. Buch. Stuttgart 1866
[3] Faulkner, R. O.: *The ancient Egyptian Pyramid Texts*. Oxford 1969
[4] Sethe, Kurt: *Übersetzung und Kommentar zu den altägyptischen Pyramidentexten*. Band II. Darmstadt 1922
[5] Goyon, G.: *Die Cheops-Pyramide*. Bergisch Gladbach 1979
[6] *The Daily Telegraph:* »Portcullis Blocks Robot in Pyramid«. London, 7. April 1993
[7] Telex *Reuters* und SDA vom 16. April 1993
[8] *Mail On Saturday*, 17. April 1993
[9] *The Times:* »Secret chamber may solve pyramid riddle«. 17. April 1993
[10] Däniken, Erich von: *Der Jüngste Tag hat längst begonnen*. München 1995. S. 255 ff.
[11] Däniken, Erich von: *Der Mittelmeerraum und seine mysteriöse Vorzeit*. Rottenburg 2012. S. 168 ff.
[12] National Geographic Society: *Inside the great Pyramide*. Nemesis 2003
[13] *Mysteries*. Basel. Herausgegeben von Luc Bürgin. Nr. 21, Ausgabe 4/2011

Kapitel 4: Belogen – betrogen – missbraucht

[1] Korrespondenz mit Ferdinand Schmid, Karl Brugger und der FUNAI. EvD-Archiv, Nr. 1669
[2] Brugger, Karl: *Die Chronik von Akakor*. Düsseldorf 1976
[3] Siebenhaar, Wolfgang: *Die Wahrheit über die Chronik von Akakor*. Rottenburg 2006
[4] Schleiermacher, F.: *Platons Werke – Dritter Theil, erster Band: Der Staat*, Berlin 1828
[5] Korrespondenz mit Felicitas Barreto, Brasilien. EvD-Archiv, Nr. 467
[6] »Ich bin Tatunca. Punkt.« In: *Der Spiegel*, Nr. 27/2014
[7] Däniken, Erich von: *Falsch informiert!*. Rottenburg 2007

[8] Hall, Stan: *Tayos Gold. The Archives of Atlantis.* Quito 2005
[9] Hall, Stan: *Tayos Fever.* London 2007
[10] Siehe Chionetti unter http://www.goldlibrary.com
[11] Kebra Nagast: *Die Herrlichkeit der Könige.* 1. Abteilung. München 1905
[12] »Ich habe die Bundeslade gesehen«. In: *Mysteries,* Nr. 5, September/Oktober 2009, Basel
[13] Abarzua/Posselt: »Gräber aus uralter Zeit: Tote von anderen Sternen«. In: *Bild,* 29. April 1975
[14] Däniken, Erich von: *Reise nach Kiribati.* Düsseldorf 1982
[15] Däniken, Erich von: *Grüße aus der Steinzeit.* Rottenburg 2010
[16] »Indio-Kultur im Dschungel«. In: *Der Spiegel.* 1. Februar 1981
[17] Däniken, Erich von: *Unmögliche Wahrheiten.* Rottenburg 2013
[18] Däniken, Erich von: *Meine Welt in Bildern.* Düsseldorf 1973
[19] Lechtman, Heather Prof. Dr.: Artikel in *Spektrum der Wissenschaft,* August 1984
[20] Brief von Dr. Gebhardt an Erich von Däniken vom 29. November 1972 (Archiv EvD)
[21] Kaufhold, Peter: *Von den Göttern verlassen.* Recklinghausen 1983
[22] Berlitz, Charles: *Geheimnisse versunkener Welten.* Frankfurt 1973

Kapitel 5: Verborgene Verbindungen
[1] Wilson, Clifford: *Crash to the Chariots.* New York 1972
[2] Däniken, Erich von: *Zeichen für die Ewigkeit.* München 1997
[3] Däniken, Erich von: *Unmögliche Wahrheiten.* Rottenburg 2013. S 196 ff.
[4] Stuart, David und George: *Palenque. Eternal City of the Maya.* London 2008
[5] Blumrich, Josef: *Da tat sich der Himmel auf. Die Raumschiffe des Propheten Hesekiel.* Düsseldorf 1973
[6] Beier, Hans Herbert: *Kronzeuge Ezechiel. Sein Bericht – sein Tempel – seine Raumschiffe.* München 1985

[7] Däniken, Erich von: »Erhielten unsere Vorfahren Besuch aus dem Weltall?« In: *Der Nordwesten*. Winnipeg, Kanada, 8. Dezember 1964
[8] Wilson, Clifford: *Exploring the old Testament*. Word of Truth Productions 1970
[9] Wilson, Clifford: *Jesus the Teacher*. Baker House 1975
[10] Wilson, Clifford: *That Incredible Book, The Bible*. Pyramid Publications 1975
[11] Gadow, Gerhard: *Erinnerungen an die Wirklichkeit*. Frankfurt a. M. 1971
[12] Gadow, Gerhard: *Der Atlantis-Streit*. Frankfurt a. M. 1972
[13] Bellamy, H. S.: *The great Idol of Tiahuanaco*. London
[14] Navia, Luis E.: *Unsere Wiege steht im Kosmos*. Düsseldorf 1976
[15] Horn, David A.: *Der außerirdische Ursprung der Menschheit*. 1997
[16] Blumrich, J. F.: *Kaskara und die sieben Welten*. Düsseldorf 1979
[17] Crick, Francis: *Life Itself*. New York 1981
[18] Wickramasinghe, Chandra: Vortrag am 11. April 2015 in der Festhalle Sindelfingen
[19] Blumrich, Josef E.: *The Spaceships of Ezechiel*. London 1974
[20] Ruppe, Harry O.: *Die grenzenlose Dimension Raumfahrt*. Düsseldorf 1980

Kapitel 6: Was ich noch zu sagen hätte …
[1] Kanjilal, Dileep Kumar: *Vimana in ancient India*. Kalkutta 1991
[2] Risi, Armin: *Gott und die Götter*. Zürich 1995
[3] Grömling, Willi: *Tibets altes Geheimnis: Gesar, ein Sohn des Himmels*. Groß-Gerau 2005
[4] Burgard, Hermann: *Encheduana. Verschlüsselt, verschollen, verkannt*. Groß-Gerau 2014
[5] Roy, Potrap Chandra: *The Mahabharata*. Kalkutta 1896
[6] Dutt, Nath M.: *The Ramayana*. Kalkutta 1891

[7] Roy, Protap Chandra: *The Mahabharata,* Vol. VI: *Drona Parva.* Kalkutta 1893
[8] Kautsch, Emil: *Die Apokryphen und Pseudepigraphen des Alten Testamentes,* Band II: Das Buch Henoch. Tübingen 1900
[9] Bezold, Carl: *Kebra Nagast: Die Herrlichkeit der Könige.* 23. Band, 1. Abteilung, München 1905
[10] Riessler, Paul: *Altjüdisches Schrifttum außerhalb der Bibel. Die Apokalypse des Abraham.* Augsburg 1928
[11] Ulfkotte, Udo: *Gekaufte Journalisten.* Rottenburg 2014

Bildquellen

Bilder S. 73–75: © Rudolf Gantenbrink, München

Bild S. 101: © Foto »Wide World« aus *National Geographic*, Washington

Bilder S. 122: © *Space Command,* Colorado Springs

Bilder S. 126: © Tatjana Ingold, CH-4501 Solothurn

Alle anderen Bilder:
© Erich von Däniken, CH-3803 Beatenberg/Schweiz

Liebe Leserin, lieber Leser,

wie in jedem meiner Bücher möchte ich Ihnen die Gesellschaft für Archäologie, Astronautik und SETI vorstellen – abgekürzt AAS. Wir suchen nach neuen Antworten, weil die alten in vielen Bereichen überholt sind.

Es ist unser Ziel, einen anerkannten Beweis für den Besuch von Außerirdischen auf unserer Erde zu erbringen. Dies vor Jahrtausenden. Dabei wollen wir den Grundregeln des wissenschaftlichen Erkenntnisgewinns folgen, uns aber nicht von bestehenden Dogmen oder Paradigmen eingrenzen lassen.

Im Zwei-Monats-Rhythmus geben wir die Zeitschrift *Sagenhafte Zeiten* heraus, die allen Mitgliedern der AAS zugestellt wird. Wir organisieren nationale und internationale Konferenzen und führen Studienreisen an interessante archäologische Stätten durch.

Unser jährlicher Mitgliedsbeitrag beläuft sich auf 49.– Euro/57.– CHF (Stand Herbst 2013). Wissenschaftler wie Laien aus allen Berufsgruppen gehören zu uns. Wir sind kein exklusiver Club. Jeder kann dabei sein.

Ich würde mich freuen, wenn Sie Gratisauskünfte erbitten bei:

AAS, Postfach, CH-3803 Beatenberg
www.sagenhaftezeiten.com
E-Mail: info@sagenhaftezeiten.com